KB126168

이른바
시장 문제에 관하여

레닌 전집 후원회

강건	강건영	곽호정	권성현	권용석	김기성	김로자(정우재)
김미르	김서룡	김성인	김성훈	김영규	김영범	김요한
김우철	김은림	김재문	김지유	김태균	김태영	김태훈
김형철	김희란	노동자의책	노준엽	또토	민들레홀씨	박민하
박상흠	박원일	박준성	박채은	배예주	백건우	백종성
백철현	볼셰비키그룹	손민석	손형선	송기철	신유재	심우청
양준호	양찬우	연제일	왕승민	우빈	우종우	유가람
유재언	이광윤	이교희	이김건우	이동현	이문열	이선민
이성철	이원호	이은경	이주용	이지수	이태진	이평세
임용현	임재성	전경진	전혜연	정나위	정세윤	정영섭
주동빈	채재웅	최명숙	최윤정	최의왕	함진철	허영식
혜경	황형수	홍정익	∀			

001 레닌
전집

Владимир
Ильич
Ленин

이른바
시장 문제에 관하여

최재훈
옮김

AGORA

차례

일러두기

1. 본 전집의 대본은 V. I. Lenin, *Collected Works*, Progress Publishers, Moscow다.

2. 주석은 모두 각주로 처리했으며, 저자 주는 주석 앞에 '레닌 주'라고 표기했다. 원서 편집자 주는 주석 뒤에 '원서 편집자', 옮긴이 주는 '옮긴이'라고 표기했다.

3. 원문에서 이탤릭체로 강조된 것은 고딕체로 표기했으며, 볼드체로 강조된 것은 굵은 글씨로, 대문자로 강조된 것은 권점을 사용해 표기했다. 밑줄이 그어진 것은 동일하게 처리했다.

4. 신문이나 잡지의 이름은 우리말로 번역되어 익히 알려져 있거나 사용되고 있는 경우에는 번역된 우리말로 표기했으나, 그렇지 않은 경우에는 소리 나는 대로 표기했다.

5. 날짜는 러시아 구력이며, 신력을 표기할 때는 구력을 먼저 적고 괄호 안에 신력을 표기했다.

농민 생활의
새로운 경제적 양상

V. Y. 포스트니코프의
『남부 러시아의 농민 농업』에 대하여

이 글은 현재까지 보존된 V. I. 레닌의 저작들 가운데 가장 먼저 씌어진 것이다. 1893년 봄 사마라에서 집필된 이 글의 원고를 그 도시의 젊은 마르크스주의자들은 모임에서 돌려 보며 읽었다. 레닌은 모스크바에서 발행되던 자유주의 성향의 잡지 《러시아 사상*Russkaya Mysl*》에 이 글을 기고하였으나, 편집진은 "잡지의 방침에 맞지 않는다"며 게재를 거부했다. 이에 대해 레닌은 1894년 5월 30일자 편지에서 이렇게 말하고 있다. "그 원고를 《러시아 사상》에 보냈지만, 당연히 거절당했다네. 그후 그 잡지 2호에 실린 '그 유명하신' 속물 자유주의자 V. V. 선생의 포스트니코프(Postnikov)에 관한 글을 읽어보니 모든 게 아주 명확해지더군. 거기에다 글을 실으려면 훌륭한 자료들을 철저히 왜곡하고 온갖 미사여구들로 사실관계들을 죄다 모호하게 흐리는 데 아주 명수가 되어야 하더란 말이지!"

소련 공산당 중앙위원회 산하 '마르크스-레닌주의 연구소'는 이 글 「농민 생활의 새로운 경제적 양상」의 필사본 두 부를 소장하고 있다. 한 부(초본)는 레닌의 개인 문서들 사이에서 발견됐고, 레닌이 마지막으로 옮겨 적을 당시 일부 추가한 내용이 담긴 나머지 한 부는 그가 S. I. 미츠키에비치(Mickiewicz)에게 건넸다가 1894년 12월 3일 수색 당시에 압수당한 것이었다. 해당 원고는 1923년 모스크바 법원이 소장하고 있던 기록물들 사이에서 발견되어, 1차 당 대회 25주년(1898~1923년) 기념 선집을 통해 최초로 출간됐다. 현행 판은 레닌이 수정한 두 번째 필사본 원고를 기준으로 하여 출판된 것이다.

마르크스-레닌주의 연구소는 레닌이 논평한 V. Y. 포스트니코프의 책 『남부 러시아의 농민 농업』도 한 부 보유하고 있다.

레닌은 1896~9년에 집필하여 1899년 3월에 출판한 자신의 책 『러시아에서의 자본주의 발전*The Development of Capitalism in Russia*』(본 전집 7~8권에 수록—편집자) 2장에서 이 글에 담긴 가장 중요한 자료들을 활용한 바 있다.—원서 편집자

2년 전에 출간된 V. Y. 포스트니코프의 책 『남부 러시아의 농민 농업』(모스크바, 1891년, XXXII+391쪽)은 타우리다와 헤르손, 예카테리노슬라프 주(州)[1], 그 중에서도 특히 타우리다 주의 (북부) 군(郡)들의 농민 농업에 대해 아주 구체적이고 철저하게 기술하고 있다. 이 책의 내용은 일차적으로는──그리고 주되게는──방금 거론한 세 개 주의 젬스트보[2] 통계 조사를 토대로 한 것이며, 그 밖에 저자가 공무의 일환[3]으로, 또 1887년부터 1890년까지 농민 농업을 연구할 특별한 목적을 갖고 개인적으로 관찰한 내용도 포함되어 있다.

지역 전체를 대상으로 한 젬스트보의 통계 연구를 크게 하나로 묶어 그 결과를 체계적인 형태로 제시하려는 시도는 그 자체로 아주 흥미롭다. 왜냐하면 젬스트보 통계는 농민들의

---

[1] 제정 러시아에서 가장 큰 행정 구역은 주(州)였고, 각 주에는 주지사가 있는 수도가 있었다. 주는 각각의 행정 중심지를 지닌 군(郡)으로 나뉘었으며, 군은 다시 수많은 촌락들을 포괄하는 지방 자치구인 읍(邑)으로 나뉘었다.──원서 편집자

경제적 상황들에 대한 구체적인 자료들을 다량으로 제공해주

2 　지방자치회. 귀족들이 지배했던 지역자치 기구. 1864년 제정 러시아
의 중앙에 위치한 주들에서 설치되었으며, 기구의 권한은 순전히 지역
의 경제 사안들(병원과 도로 건설, 통계, 보험 등)로 국한되었다. 주지사
와 내무부 장관이 젬스트보의 기능을 통제했으며, 그들은 정부가 보기
에 못마땅한 결정들을 무효화할 수도 있었다. 주와 군 젬스트보 이사회
의 통계 담당 부서와 국, 위원회 들은 통계 조사(농가와 수공업 시설들
에 대한 가구별 인구조사, 토지의 수익성 측정, 과세 대상 토지와 재산
의 재평가, 농민의 지출 연구 등)와 관련해 군이나 주를 포괄하는 풍부
한 현황 자료가 담긴 다량의 보고서와 통계 초록 들을 발표하였다.
　레닌은 젬스트보 통계 데이터를 높이 평가해 "유럽인들이 러시아 젬스
트보 통계를 면밀히 연구해본다면 전반적으로 사회 통계의 진보에 강
한 박차를 가하게 될 것이 틀림없다"고 한 바 있다(「농업 문제와 '마르
크스 비판가들'The Agrarian Question and the "Critics of Marx."」(본
전집 14권에 수록―편집자)). 그러나 동시에 레닌은 젬스트보 통계학자
들이 활용한 통계 데이터 분류와 분석 기법에는 비판적이어서 "그들이
엮어낸 젬스트보 통계의 뛰어난 철저함과 구체성에 비춰볼 때 이는 가
장 큰 약점"이라고 썼다(「젬스트보 통계의 역할The Tasks of Zemstvo
Statistics」(본 전집 55권에 수록―편집자)). 대부분 인민주의적 관점을
지니고 있었던 젬스트보 통계학자들은 통계 데이터에 접근할 때 종종
편견을 드러내곤 했다. 데이터를 다룰 때 자본주의 발전 과정에서 형성
된 다양한 농민 집단들의 본질적인 차이와 특징 들을 숫자 뒤에 감춰
두곤 했던 것이다. 레닌은 젬스트보 통계 데이터들을 연구하고 확인하
고 분석한 뒤 스스로 계산해낸 표와 개요 들을 작성했고, 농가와 수공
업 시설들에 관한 데이터를 마르크스주의적으로 해석하고 과학적으로
분류해냈다. 또한 젬스트보 통계에 담긴 풍부한 자료들을 활용해 인민
주의자들의 얼토당토 않은 책략들을 폭로했으며, 러시아의 경제 발전에
관한 실질적인 그림을 제시했다. 그는 글을 쓸 때 데이터를 폭넓게 활용
했으며, 『러시아에서의 자본주의 발전』에서 특히 그 점이 두드러졌다(젬
스트보 통계에 관해서는 레닌이 1914년에 쓴 「젬스트보 통계의 역할」을
참조할 것).―원서 편집자

기 때문이다. 하지만 젬스트보 통계 초록들을 모조리 낱낱의 표로 만든 뒤(각권은 대체로 각각의 군을 다루고 있다) 분명하고 포괄적인 제목 아래 그것들을 단순히 요약하는 형식은 그 자체로 여간 수고스러운 일이 아닐 뿐만 아니라 해당 조사들을 대중들에게는 실질적인 쓸모가 없는 것으로 만들어버린다. 물론 젬스트보 통계 데이터를 요약하고 분석해야 할 필요성은 오랫동안 제기되어왔다. 최근 『젬스트보 통계 연구의 결과』(이하 『결과』)가 출판된 것도 바로 그러한 목적에 따른 것이었다. 애초 출판 계획은 다음과 같았다. 우선 농민 농업과 관련된 특정 질문을 던져놓고 특별 조사를 실시한 다음, 해당 질문에 관한 모든 데이터를 취합해 젬스트보 통계에 담는다. 그런 다음 러시아 남부 흑토지대와 북부 비흑토지대, 오로지 농업에 의존하는 주들과 수공업이 병행되는 주들로 나눠 데이터를 종합하는 것이다. 이런 계획에 따라 두 권의 『결과』가 편찬되었는데, 한 권은 "농민 공동체"에 집중한 V. V.의 책이고, 다른 한 권은 N. 카리셰프(Karyshev)가 "미분여지의 농민 임차"에 주목하여 쓴 책이다.[4] 이런 요약 방식의 정확성에 의문을 제기하는 건 아주 타당하다. 우선 경제 상황이 다른 각각의 경제 지역들과 관련된 데이터는 하나의 제목 아래 배치하는 게 옳다(젬스트보 조사가 불충분하고 상당수 군들이 빠져 있어 각각의 지역의 성

---

3 레닌주 저자는 타우리다 주 정부의 토지부 소속 관리였다.

격을 별도로 규정한다는 게 이만저만 어렵지 않았을 것이다. 이런 어려움들은 이미 『결과』의 2권에서 명백해졌다. 젬스트보 통계들에 포함된 데이터를 지역별로 확실히 나누어 배치하려던 카리셰프의 시도가 실패로 돌아가고 만 것이다). 그 다음으로, 다른 측면들을 다루지 않은 채 농민 농업의 한 가지 측면만을 따로 떼놓고 서술하는 것은 사실상 불가능하다. 그리고 특정한 질문을 인위적으로 끌어내려고 하다 보면 전체적인 그림을 놓치게 된다. 미분여지의 농민 임차는 분여지의 임차와 분리되고, 농민들의 경제적 상황에 따른 분류와 작물 재배 면적에 대한 전체적인 데이터와도 분리된다. 미분여지의 농민 임차는 농민 농업의 일부로만 간주되지만, 실제로 그것은 종종 개인 지주 농업의 특별한 방식이 되기도 한다. 이것이 바로 내가 경제적 상황이 동일한 특정 지역 대상의 젬스트보 자료를 요약하는 것이 더 바람직할 수 있다고 생각하는 이유다.

말이 난 김에 덧붙이자면, 나는 젬스트보 통계 조사를 요약하는 보다 올바른 방법에 대한 나 자신의 견해를 드러내기 위해 『결과』의 문헌들을 포스트니코프의 책과 비교해보았다.

---

4 여기서 언급된 건 『젬스트보 통계 데이터에 따른 러시아 경제 조사의 결과들』이란 제목의 모음집을 말한다. 그 중 1권이 V. V.가 쓴 『농민 공동체』고, 2권이 N. 카리셰프의 『미분여지의 농민 임차』다. 두 권 모두 자유주의적 인민주의자의 관점을 드러내고 있다. V. V.는 1880~90년대 자유주의적 인민주의 이론가인 V. P. 보론초프(Vorontsov)의 필명이다.—원서 편집자

그 과정에서 나는 포스트니코프에게는 실은 자료들을 요약할 목적 자체가 없었던 게 아닌가 하는 의구심을 품지 않을 수 없었다. 그는 관련 수치들은 배경 정도로만 제쳐두고, 완벽하고 명확한 서술에만 온통 관심을 집중하고 있었던 것이다.

책을 기술하면서 그는 경제적·행정적·법률적인 성격(토지 보유권의 형식)과 기술적인 성격(경계선, 농업 시스템, 수확)에 관한 문제들에 거의 균등한 관심을 할애했지만, 경제적인 문제들을 전면에 내세우려는 의도를 갖고 있었다.

그와 관련해 포스트니코프는 서문에서 이렇게 말하고 있다. "나는 애초 생각했던 것보다 농민 농업의 기술적 측면에는 관심을 덜 기울였다는 사실을 고백하지 않을 수 없다. 그러나 나의 관점으로는 농민 농업에 있어 경제적 성격이라는 조건들이 기술보다 훨씬 더 중요한 부분을 차지한다고 여겼기 때문에 이런 방식을 취한 것이다. 우리나라 언론에서는 …… 경제적 측면이 대체로 무시되고 …… 농지와 경계선 문제가 우리 농민 농업에 미치는 영향과 같이 근본적인 경제 문제들을 조사하는 데는 거의 관심을 기울이지 않는다. 이 책이 주로 노력을 기울이고자 하는 부분은 이러한 문제들, 특히 농지 문제를 해명하는 작업에 있다."(서문, IX쪽)

경제적 문제와 기술적 문제의 상대적 중요성에 대한 저자의 견해를 전적으로 공유하며, 이 글에서 나는 포스트니코프의 그런 작업 가운데 정치-경제적 연구 대상으로서의 농민 농

업 부분만을 집중적으로 다뤄볼 생각이다.[5]

서문에서 저자는 연구의 주안점을 다음과 같이 밝히고 있다.

"최근 농민 농업에서 뚜렷해진 기계 사용의 상당한 확대와 농민들 중 부유한 부류가 소유한 농장의 규모가 현격히 증가하는 현상은 우리의 농업 생활에 새로운 국면을 조성하고 있고, 그러한 양상이 올해의 심각한 경제 상황으로부터 새로운 자극을 받게 될 거라는 사실에는 의심의 여지가 없다. 농민 노동의 생산성과 농가의 작업 능력은 농장 규모가 커지고 기계 사용이 늘어나면서 상당 부분 증가하게 될 텐데, 하나의 농가가 경작할 수 있는 면적을 계산하는 데 있어 여태껏 이러한 점은 간과되어왔다."

"농민 농업에서 기계의 사용은 농민 생활의 상당한 변화를 야기하고 있다. 이는 농업에서 노동력 수요를 감소시켜, 지금도 존재하는 농업 인구의 과잉 문제를 훨씬 더 시급한 문제로 만든다. 땅 한 뙈기 없는 신세에다 이제 마을에서 남아도는 인력이 되어 어쩔 수 없이 외부로 일자리를 찾아 나설 수밖에 없는 농가의 수가 늘어나게 되는 것이다. 그와 동시에 농민 농

5   레닌 주 최근의 경제 문헌 가운데 가장 뛰어난 저작 중 하나인 포스트니코프의 책이 거의 주목을 받지 못했다는 점에서 나는 이런 설명 작업이 가치가 있다고 생각한다. 이는 저자가 경제적 문제들이 대단히 중요하다는 걸 인정하면서도 그것들을 지나치게 단편적으로 다루고 있으며, 다른 문제들과 관련해서는 너무 세부적으로 다뤄 자신의 핵심을 방해받도록 만드는 면이 없지 않다는 사실로도 일부 설명될 수 있을 것이다.

업에서 거대 기계의 도입은 농민의 생활수준을 이제껏 꿈에도 상상하지 못했던 수준으로까지 끌어올리고 있다. 농민 생활에 있어서의 새로운 경제적 양상들의 동력을 보장해주는 것이 바로 여기에 있다. 남부 러시아의 농민들 사이에서 이러한 양상들에 대한 관심을 끌어모으고 그에 대해 해명하는 것이 이 책의 목적이다."(서문, X쪽)

저자의 관점에서 볼 때 이러한 새로운 경제적 양상들이 무엇을 의미하는지 그 윤곽을 그려보기 전에 나는 두 가지 유보 조항을 달아야만 하겠다.

첫째, 포스트니코프가 헤르손, 예카테리노슬라프, 타우리다 주에 해당하는 데이터를 제시하고 있다는 점은 앞에서 밝힌 바 있다. 그러나 타우리다 주에 대해서만 아주 구체적인 데이터를 제공할 뿐, 나머지 지역에 대해서는 그렇게 하지 않았다. 저자는 경제 상황이 다소 상이한 크림 반도에 대해서는 아무런 데이터도 제시하고 있지 않으며, 타우리다 주 북부의 본토에 위치한 베르단스크, 메리토폴, 드네프르, 이 세 개 군들에만 데이터를 한정시켰다. 그래서 나 역시 이들 세 개 군에 대한 데이터로만 논의를 국한할 것이다.

둘째, 타우리다 주에는 러시아인들뿐만 아니라 독일인들과 불가리아인들도 거주하고 있다. 하지만 그 수는 러시아 인구에 비해 아주 적어서, 드네프르에는 전체 19,586가구 중에서 독일 이민자들이 113가구, 즉 0.6퍼센트에 불과하고, 메리토폴의 경우 전체 34,978가구 중에서 독일과 불가리아인 가구는 2,159가구(1,874+285)로 6.1퍼센트에 지나지 않는다. 마지막으로 베르단스크에서도 역시 전체 28,794가구 중에서 25퍼센트인 7,224가구에 머문다. 이들 세 군들을 모두 묶어서 계산해보면 이민자 가구는 전체 83,358가구의 약 9분의 1인 9,496가구다. 따라서 이민자들의 수는 전체적으로 아주 적고, 드네프르에서는 거의 의미 없는 수준이다. 그럼에도 저자는 언제나 러시아인들과 별도로 이민자들의 농업을 구체적으로 묘사하고 있다. 나는 이 부분을 모두 생략해, 러시아 농민들의 농업에만 논의를 국한하려 한다. 물론 제시된 수치들은 러시아인들과 독일인들을 한데 묶고 있는 게 사실이나, 후자의 수가 너무 적어 그들을 빼든 추가하든 전체적인 그림이 바뀌거나 하지는 않기에 제시된 데이터를 근거로 러시아 농민 농업을 설명하는 데는 별로 지장이 없다. 지난 30년 사이 타우리다 주에 정착한 이민자들은 아주 부유하다는 사실 말고는 러시아의 다른 지역 농민들과 다를 바 없다. 이들 지역에서 공동체의 토지 보유권은 저자의 말을 빌리자면 "전형적이고 안정적"[6]이다. 한마디로 말해, 설사 이민자들을 제외한다 할지라도 타우리다 주의 농민 농업은 러시아 농민 농업의 일반적인 유형과 본질적으로 차이가 없다는 것이다.

6 레닌주 개인의 토지 보유권이 우세한 곳은 마을 다섯 곳에 불과하다.

II

포스트니코프는 "그 규모가 어떻든지 간에 현재 남부 러시아의 마을들은(아마 러시아 대부분의 지역들이 마찬가지일 것이다) 다양한 주민 집단들의 경제적 수준이 천차만별이어서 각각의 마을들의 생활수준을 하나로 묶어 이야기하거나 수치로 평균을 내서 설명하기가 아주 어렵다. 그런 평균적인 수치들은 농민들의 경제 생활을 결정하는 일반적 조건들을 일부 나타내주지만, 실제로 존재하는 너무나도 다양한 경제 현상들을 설명해주지는 않는다"(106쪽)고 말한다.

그리고 그는 한 발 더 나아가 자신의 입장을 다음과 같이 훨씬 더 분명하게 드러낸다.

"경제적 수준의 다양성은 주민들의 전반적인 번영 정도를 가늠하는 걸 극도로 어렵게 만든다. 타우리다 주에서 규모가 큰 마을들을 대충 다녀본 사람들은 대부분 그 지역 농민들이 아주 유복하다는 결론에 도달한다. 그러나 농민들 절반은 잘 살지만, 나머지 절반은 영원히 빈곤의 늪에서 살아가는 마을을 가리켜 유복하다고 말할 수 있을까? 그리고 특정한 마을을 무슨 기준으로 더 유복하다거나 덜 번창했다고 결론지을 수 있을까? 분명 마을이나 지역 전체 인구의 상황을 특징짓는 평균적 수치들은 농민들의 번영 정도에 관한 결론을 이끌어내기에 불충분하다. 그것은 주민들을 여러 집단으로 나눠 많은 다양한 사실들을 종합함으로써만 판단할 수 있을 것이다."(154쪽)

누군가는 농민층의 분화에 대한 이러한 언급이 전혀 새로울 게 없는 거 아니냐고 생각할 수도 있겠다. 실제로 전반적인 농민 농업을 다루는 모든 저술에서 그러한 언급을 하고 있기 때문이다. 그러나 사실을 언급하면서도 대개 그 의미와 중요성에 대한 설명은 덧붙이지 않은 채 그것을 별로 중요시하지 않거나 심지어 우연의 일치로까지 여긴다는 게 바로 핵심이다. 수치상의 평균으로 농민 농업의 유형을 규정해 이야기하는 것이 얼마든지 가능한 것처럼 여겨지고, 전체적으로 농민과 관련된 여러 실용적 조치들의 중요성에 대해서만 논의가 이뤄지고 있는 것이다. 반면 포스트니코프의 책에서는 그런 시각에 대한 반발을 목격할 수 있다. 그는 "마을 공동체 내 다양한 가구들의 경제적 지위의 엄청난 다양성"(323쪽)을 (반복해) 지적하고, "여전히 도시 지식인들이 상상하듯이 농민들의 미르7를 완전하고 동질적인 무언가로 간주하는 경향"(351쪽)에 반기를 든다. "과거 십 년 동안의 젬스트보 통계 조사는 우리의 마을 공

---

7   농촌 공동체. 해당 저서의 마지막 부분을 참고할 것.—원서 편집자

동체가 더 이상 1870년대의 평론가들이 생각했던 것과 같은 동질적인 단위가 아니며, 지난 수십 년간 그 안에서 아주 상이한 경제적 번영 수준을 가진 집단들로의 인구 분화가 이뤄져 왔다는 사실을 보여준다"(323쪽)는 것이다.

포스트니코프는 자신의 견해를 뒷받침하기 위해 책 곳곳에 다량의 데이터를 분산시켜놓았는데, 우리는 그의 견해가 진실인지를 시험하고 농민층을 동질적인 무언가로 간주한 "도시 지식인들"과 엄청난 이질성이 존재한다고 주장한 포스트니코프 사이에서 과연 누가 옳은지를 판가름하기 위해 그 데이터 모두를 체계적으로 살펴보아야 할 것이다. 그런 다음에야 그가 말한 이질성이 얼마나 심도 깊은 것인지, 그것이 정치경제적인 관점에서 평균적인 데이터에만 기초해 농민 농업을 일반적으로 묘사하는 걸 방지해줄 수 있을지, 농민층의 다양한 범주에 따라 실용적 조치들의 작용과 영향을 변화시킬 수 있을지를 들여다볼 수 있기 때문이다.

이런 물음들을 해결하기 위한 재료를 공급해주는 수치들을 인용하기에 앞서, 포스트니코프가 타우리다 주를 대상으로 한 젬스트보 통계 초록들에서 이 모든 데이터들을 가져왔다는 사실을 언급해두지 않을 수 없겠다. 원래 젬스트보 인구통계는 마을 공동체 전체를 포괄할 뿐, 개별 농가에 관한 데이터를 수집하지는 않았다. 하지만 이내 가구들 간 재산 상황에서의 차이가 목격되자, 가구별 인구조사가 이뤄졌다. 이는 농

민들의 경제적 지위에 관한 보다 철저한 연구를 향한 첫걸음
이었다. 그 다음 단계는 여러 가지 수치를 묶은 표를 도입한 것
이었다. 마을 공동체[8] 내 농민들 간의 재산 차이가 농민들의

8   러시아의 마을 공동체(오브시치나 또는 미르)는 의무적인 윤작, 숲과
    목초지의 미분할을 특징으로 하는 농민들의 공동체적 토지 활용 형식
    을 가리킨다. 그 주된 특징들은 집단적 책임(농민들은 지대를 제때 남김
    없이 지불하고 국가와 지주들에게 다양한 부역을 제공할 집단적 책임을
    강제적으로 지고 있었다), 토지의 정기적 재분배를 받아들이되 주어진
    분여지를 거부할 권리는 없다는 것, 그리고 토지 구매와 판매의 금지를
    들 수 있다.
    러시아의 마을 공동체는 고대로부터 전해 내려왔으며, 역사적인 발전
    과정에서 점차 러시아 봉건주의의 기둥 가운데 하나가 되었다. 지주
    들과 차르 정부는 봉건적 억압을 강화하고 민중들로부터 토지 상환금
    과 세금을 짜내기 위해 마을 공동체를 이용하였다. 레닌은 마을 공동
    체가 "농민들이 프롤레타리아로 전락하는 걸 막아주지는 못한다. 사실
    상 그것은 '존재의 이유'를 모두 상실해버린 사소한 유대관계와 '범주들'
    에 마치 사슬처럼 묶여 있는 농민들을 갈라놓는 중세의 장벽으로 기능
    하고 있다"고 지적했다.(「19세기 말 러시아의 농업 문제The Agrarian
    Question in Russia Towards the Close of the Nineteenth Century」(본
    전집 40권에 수록―편집자))
    마을 공동체 문제는 격렬한 논쟁을 불러일으켰으며, 광범위한 경제 문헌
    들의 주제였다. 인민주의자들은 마을 공동체에 특히 지대한 관심을 나
    타냈고, 그것을 러시아가 특수한 경로를 따라 사회주의로 발전해가는
    것을 증명하는 징표로 보았다. 사실관계를 편향적으로 수집하고 왜곡하
    는 동시에 이른바 '평균적 수치들'을 동원한 그들은 러시아의 공동체 농
    민들이 특별한 유형의 '꿋꿋함'을 지니고 있고, 미르가 마을로 침투하는
    자본주의적 관계로부터 농민들을 보호하며, 계급 차별과 몰락으로부터
    농민들을 '구해준다'는 걸 증명하려 하였다. 이에 대해 1880년대 초반 G.
    V. 플레하노프(Plekhanov)가 '공동체 사회주의'에 대한 인민주의자들의

다양한 법적인 범주에 따른 차이보다 훨씬 더 크다는 사실을 확신한 통계학자들은 재산상의 확실한 차이에 따라 농민들의 경제적 지위에 관한 모든 지표들을 분류하기 시작했다. 경작 면적(데샤티나9), 농사에 활용되는 가축 수, 가구당 경작 가능한 분여지의 양 등에 따라 농민들을 집단으로 나눈 것이 대표적인 예다.

타우리다 젬스트보 통계는 경작 면적에 따라 농민들을 분류한다. 포스트니코프는 "타우리다의 농업 조건에서 경작 면적의 크기는 농민의 생활수준을 알 수 있는 가장 중요한 기준"(XII쪽)이기에 이런 분류가 "적절한 것"(XII쪽)이라는 의견이다. 그는 "남부 러시아 스텝 지대에서 다양한 종류의 비농업 분야 산업에 종사하는 농민들은 상대적으로 아직 발전이 미미하

환상이 얼마나 근거 없는 것인지를 드러내주었다면, 1890년대에 접어들어 레닌은 인민주의자들의 이론을 완전히 뒤집어놓았다. 레닌은 엄청난 양의 사실과 통계 자료들을 인용해 자본주의적 관계가 러시아의 마을에서 어떻게 발전하고 있는지, 그리고 가부장적인 마을 공동체로 침투해 들어간 자본이 농민층을 부농(쿨락)과 가난한 농민이라는 서로 적대적인 계급으로 어떻게 갈라놓았는지를 폭로했다.

1906년 차르의 내무장관이었던 스톨리핀(Stolypin)은 농민들이 자신들의 분여지를 팔고 공동체를 떠날 수 있게 하는 법률을 발표했는데, 이는 부농들에게 혜택이 돌아가게 하는 법률이었다. 이 법은 시골의 공동체 시스템을 공식적으로 폐지하는 토대가 되었으며, 농민층 내의 분화를 강화시켰다. 그 법이 채택된 지 9년 만에 200만이 넘는 농가가 공동체를 떠났다.—원서 편집자

9   1데샤티나는 약 10,927평방미터다.—편집자

고, 오늘날 농촌 인구의 절대 다수는 곡물 경작에 기초한 농업에 주로 종사한다"면서 "젬스트보 통계에 따르면, 타우리다 주 북부에 위치한 군들에서 농촌 토착 인구의 7.6퍼센트가 농업이 아닌 산업들에만 종사하는 반면, 16.3퍼센트는 자신의 땅에서 농사를 지으며 부차적인 다른 직업에 종사한다"(108쪽)고 말한다. 실제로 경작 면적에 따른 분류는 러시아의 여타 지역들에서조차 젬스트보 통계학자들이 채택한 다른 어떤 분류법, 예를 들어 분여지의 수라든지 가구당 경작 가능한 분여지 같은 것들보다 훨씬 더 정확하다. 그 이유는, 한편으로 분여지의 크기는 가족 명부에 등록되어 있거나 가족 내에 실제 존재하는 남성들의 수[10]에 따라 결정되기 때문에 해당 가구의 잘사는 정도를 보여주는 직접적인 지표가 아니라 간접적으로만 반영할 뿐이며, 농민이 분여지를 활용할 만한 농기구를 갖추지 못한 경우에는 그걸 다른 사람에게 임대해주는 경우도 있기 때문이다. 다른 한편으로는, 주민들이 주업으로 농사를 짓고자 한다면 생산량을 기록해두고 자신이 소비하고 구입하거나 시장에 내다 팔 곡물의 양을 결정하기 전에 우선 경작할 면적을

---

10 여기서 등록된 남성들이란 봉건 러시아에서 인두세를 걸을 목적으로 시행한 특별 인구조사에 기록된(이른바 '등기 처리된') 이들을 말한다(주로 농민층과 도시 하층민들이 그 대상이 되었다). 이 '등기 처리'는 1718년에 시작돼 1857년부터 1859년 사이에 열 번째이자 마지막으로 시행되었는데, 수많은 지역에서 가족 내 등록된 남성들의 수에 따라 마을 공동체 내 토지 재분배가 이뤄졌다.—원서 편집자

정하는 것이 필요하다. 만약 그게 불확실하다면, 농사의 성격이라든지 다른 수입원과 비교했을 때의 중요도 같은 농민 경제의 아주 중요한 측면 역시 불분명해질 것이기 때문이다. 마지막으로, 우리가 해당 가구의 경제를 농민의 토지 보유권 및 농사의 이른바 기준들, 즉 식량 기준이나 노동 기준[II]과 비교하기 위해서는 반드시 경작 면적이 분류의 기준이 되어야 한다. 한마디로 말해, 경작 면적에 따른 분류는 적절해 보일 뿐만 아니라 최선이며 전적으로 필수적인 것이다.

경작 면적에 관해 타우리다의 통계학자들은 농민들을 (1)땅을 전혀 경작하지 않는 가구, (2)5데샤티나 미만을 경작하는 가구, (3)5~10데샤티나(5데샤티나 이상, 10데샤티나 미만)를 경작하는 가구, (4)10~25데샤티나를 경작하는 가구, (5)25~50데샤티나를 경작하는 가구, (6)50데샤티나 이상을 경작하는 가구, 이렇게 여섯 개 집단으로 나누고 있다. 세 개 군들에서 가구 수에 따른 집단별 비율 관계는 다음과 같다.

II   레닌은 독일의 정치경제학 용어인 Nahrungsfläche와 Arbeitsfläche를 식량 기준과 노동 기준으로 번역하고 있다. 전자는 한 사람(또는 가족 같은 여타 단위)을 먹여 살리는 데 필요한 토지의 규모를 뜻하고, 후자는 한 사람(또는 가족)이 경작할 수 있는 토지의 규모를 뜻한다.—원서 편집자

가구 비율	군			3개 군을 합친 가구당 평균 경작 면적(데샤티나)
	베르단스크 (%)	메리토폴 (%)	드네프르 (%)	
무경작	6	7.5	9	–
5데샤티나 미만	12	11.5	11	3.5
5~10데샤티나	22	21	20	8
10~25데샤티나	38	39	41.8	16.4
25~50데샤티나	19	16.6	15.1	34.5
50데샤티나 이상	3	4.4	3.1	75

우리가 독일인들을 생략한다 해도 전체적인 비율은(여기서 제시된 비율은 독일인들을 포함한 전체 인구를 대상으로 한 것이다) 거의 변화가 없다. 따라서 저자는 타우리다 소재 군의 가구들 가운데 소규모 면적을 경작하는(10데샤티나 미만) 비율이 40퍼센트, 중간이(10~25데샤티나) 40퍼센트, 대규모 면적을 경작하는 비율이 20퍼센트라고 추산한다. 만약 독일인들을 제외한다면, 맨 마지막의 비율은 6분의 1(16.7퍼센트, 즉 3.3퍼센트 감소)로 줄어들고, 그에 상응해 소규모 면적을 경작하는 가구 수는 늘어나게 된다.

이들 집단들 간의 차이가 어느 정도인지를 확인하기 위해 토지 보유권과 토지 활용을 짚어보는 걸로 논의를 시작해보자.

포스트니코프는 145쪽에서 다음의 표를 제시하고 있다(그는 세 범주를 모두 합친 토지 면적의 총합이 얼마인지는 산출하지 않았다).

농민 집단	가구당 평균 경작지(데사티나)											
	베르만스크 군				메리토폴 군				드네프르 군			
	분여지	구매토지	임차지	합계	분여지	구매토지	임차지	합계	분여지	구매토지	임차지	합계
무경작	6.8	3.1	0.09	10	8.7	0.7	—	9.4	6.4	0.9	0.1	7.4
5데샤티나 미만	6.9	0.7	0.4	8	7.1	0.2	0.4	7.7	5.5	0.04	0.6	6.1
5~10데샤티나	9	—	1.1	10.1	9	0.2	1.4	10.6	8.7	0.05	1.6	10.3
10~25데샤티나	14.1	0.6	4	18.7	12.8	0.3	4.5	17.6	12.5	0.6	5.8	18.9
25~50데샤티나	27.6	2.1	9.8	39.5	23.5	1.5	13.4	38.4	16.6	2.3	17.4	36.3
50데샤티나 이상	36.7	31.3	48.4	116.4	36.2	21.3	42.5	100	17.4	30	44	91.4
군별	14.8	1.6	5	21.4	14.1	1.4	6.7	22.2	11.2	1.7	7	19.9

포스트니코프는 "이 수치들은 타우리다 소재 군들에서 상대적으로 부유한 농민 집단이, 가족 규모가 더 크기 때문인지는 모르겠으나 더 많은 분여지를 보유하고 있는 동시에 땅을 가장 많이 구입하고 임차하는 역할을 한다는 사실을 보여준다"(146쪽)고 말한다.

내가 보기에 이 점에 관해서 우리는 하위에서 상위 집단으로 나아갈수록 분여지 면적이 증가하는 것은 전적으로 가족 규모의 차이로만 설명될 수는 없다는 걸 지적할 필요가 있을 것 같다. 포스트니코프는 세 개 군들에서의 집단별 가족 구성을 보여주는 다음의 표를 제시한다.

| | 가족당 평균 | | | | | |
| | 베르단스크 군 | | 메리토폴 군 | | 드네프르 군 | |
	남녀 합산 인원 수	노동 참여 구성원 수	남녀 합산 인원 수	노동 참여 구성원 수	남녀 합산 인원 수	노동 참여 구성원 수
무경작	4.5	0.9	4.1	0.9	4.6	1
5데샤티나 미만	4.9	1.1	4.6	1	4.9	1.1
5~10데샤티나	5.6	1.2	5.3	1.2	5.4	1.2
10~25데샤티나	7.1	1.6	6.8	1.5	6.3	1.4
25~50데샤티나	8.2	1.8	8.6	1.9	8.2	1.9
50데샤티나 이상	10.6	2.3	10.8	2.3	10.1	2.3
군별	6.6	1.5	6.5	1.5	6.2	1.4

표는 하위에서 상위 집단으로 갈수록 가구당 분여지의 양이 증가하는 정도가 남녀 및 가족 내 일하는 구성원들 수의 증가 추이보다 훨씬 더 가파르다는 걸 보여준다. 드네프르 군에서 최하위 집단의 수치를 100으로 했을 때를 예로 들어 한번 살펴보자.

	분여지	남녀 합산 인원 수	노동 참여 구성원 수
무경작	100	100	100
5데샤티나 미만	86	110	106
5~10데샤티나	136	120	117
10~25데샤티나	195	140	137
25~50데샤티나	259	190	178
50데샤티나 이상	272	230	219

여기서 볼 때, 가족 구성과는 별개로 분여지의 크기를 결정하는 것은 가구의 잘사는 정도라는 것이 분명하다.

다양한 집단 내에서 구입한 토지의 양에 대한 데이터를 검토해보면, 토지 구매자들이 거의 대부분 25데샤티나 이상의 경작 면적을 지닌 상위 집단이며, 주로 경작 면적이 가구당 75데샤티나인 대규모 경작자들이라는 걸 알 수 있다. 따라서 구입한 토지에 관한 데이터는 농민 집단들 간의 차이에 대한 포스트니코프의 견해를 전적으로 뒷받침해준다. 예를 들어 147

쪽에서 저자는 "타우리다 소재 군의 농민들은 96,146데샤티나의 토지를 구입하였다"고 말하고 있는데, 여기에서 그가 제시한 것과 같은 유형의 정보는 실제의 현실, 즉 해당 토지의 거의 대부분은 이미 분여지를 충분히 제공받은 극소수의 수중에 들어가 있다는 실상을 제대로 설명해주지 못한다. 포스트니코프가 "부유한" 농민들이라 불렀던 이들은 전체 인구의 5분의 1에 지나지 않았던 것이다.

임차 토지에 대해서도 마찬가지다. 앞의 표는 분여지와 미분여지, 임차된 토지의 전체 수치를 제시하고 있다. 임차된 토지는 어김없이 농민들을 더욱 번영하게 했고, 따라서 토지를 더 많이 제공받은 농민은 더 많은 토지를 임차함으로써 가난한 집단들에게서 필요한 토지를 빼앗아가는 결과가 빚어졌다.

이런 현상은 러시아 전체적으로 공통적이라는 점을 지적하지 않을 수 없다. 카리셰프 교수는 러시아 전역에서 젬스트보 통계 조사가 가능했던 지역에서의 미분여지 임차 현황을 요약해, 임차된 토지의 규모는 임차인의 부유한 정도에 직접적으로 달려 있다는 일반 법칙을 공식화해내고 있다.[12]

포스트니코프는 임차된 토지(분여지와 미분여지를 합쳐서)의 분배에 대한 훨씬 더 구체적인 수치들을 인용하고 있는데, 여기에 옮겨보면 이렇다.

12 레닌주 카리셰프, 『미분여지의 농민 임차』, 1892년, 122·133쪽 등.

	베르단스크 군			메리토폴 군			드네프르 군		
	임차 가구 비율 (%)	가구당 임차 면적(데 샤티나)	데샤티 나당 가격 (루블)	임차 가구 비율 (%)	가구당 임차 면적(데 샤티나)	데샤티 나당 가격 (루블)	임차 가구 비율 (%)	가구당 임차 면적(데 샤티나)	데샤티 나당 가격 (루블)
5데샤티나 미만 경작	18.7	2.1	11	14.4	3	5.50	25	2.4	15.25
5~10데샤티나	33.6	3.2	9.2	34.8	4.1	5.52	42	3.9	12
10~25데샤티나	57	7	7.65	59.3	7.5	5.74	69	8.5	4.75
25~50데샤티나	60.6	16.1	6.8	80.5	16.9	6.3	88	20	3.75
50데샤티나 이상	78.5	62	4.2	88.8	47.6	3.93	91	48.6	3.55
군별	44.8	11.1	5.8	50	12.4	4.86	56.2	12.5	4.23

여기에서도 우리는 수치상의 평균이 실제 현실을 제대로 설명해주지 못한다는 사실을 알 수 있다. 예를 들어 드네프르 군에서 농민들의 56퍼센트가 토지를 임차한다고 할 때, 그것만으로는 임차 현황을 한눈에 제대로 파악하기가 어렵다. 왜냐하면 (이후 드러나듯이) 자기 소유의 토지를 충분히 보유하고 있지 못한 집단에서 토지를 임차하는 비율은 훨씬 낮은 반면——첫 번째 집단에서는 25퍼센트에 불과하다——충분한 토지를 보유한 최상위 집단은 거의 모두(91퍼센트)가 임차에 의존하고 있기 때문이다. 토지를 임차하는 가구당 임차 면적 크기에서의 차이는 훨씬 더 벌어진다. 최상위 집단은 세 개 군에서 최하위 집단보다 각각 30배와 15배, 24배나 더 많은 토지

를 임차한다. 명백히 이는 임차의 성격 자체를 변화시킨다. 최상위 집단에서 토지 임차는 이미 상업적인 사업이 된 반면, 최하위 집단에서는 절박한 필요에 의한 행위일 수 있기 때문이다. 이러한 가정은 임차료에 관한 데이터에 의해 구체적으로 입증된다. 즉 최하위 집단은 최상위 집단보다 더 많은 임차료를 지불하고 있고, (드네프르 군에서는) 간혹 그 차이가 네 배에 달하는 경우도 있었다. 이런 점에서 볼 때, 임차한 토지 규모의 증가가 더딜수록 지대가 상승하는 게 남부 러시아에서는 특이한 현상이 아니라는 점을 떠올릴 필요가 있다. 카리셰프 교수의 작업은 이런 법칙의 일반적인 적용 가능성을 나타내준다.

이러한 데이터와 관련해 포스트니코프는 "타우리다 소재 군들의 토지를 임차하는 건 주로 충분한 분여지와 자기 소유의 땅을 가진 잘사는 농민들이다. 미분여지, 즉 마을에서 아주 멀리 떨어진 개인 소유와 정부 소유 토지의 임차에 있어서는 특히나 더 그렇다. 실제로 짐을 끄는 가축을 충분히 보유한 농민은 멀리 떨어진 땅을 임차할 수 있지만, 지역에서 상대적으로 못사는 농민들은 자신들의 분여지를 경작하기에도 힘이 부치는 것이 지극히 당연한 일"(148쪽)이라고 말한다.

이런 분배 현황이 개인들이 땅을 임차하고 있기 때문이라고 생각해서는 안 된다. 공동체가 토지를 임차하더라도 그런 상황은 전혀 변함이 없는데, '돈이 있는 곳에 땅이 있다'는 동일한 원칙에 따라 토지가 분배되는 단순한 이유 때문에 그렇다.

농민 집단 경작	베르댠스크 군			메리토폴 군			드네프르 군			3개 군 전체			
	입자 가구 수	입자 면적 (헥타르)	가구당 입자 면적(헥사르니다)	입자 가구 수	입자 면적 (헥타르)	가구당 입자 면적(헥사르니다)	입자 가구 수	입자 면적 (헥타르)	가구당 입자 면적(헥사르니다)	입자 가구 수	입자 면적 (헥타르)	%	가구당 입자 면적(헥사르니다)
5헥타르 미만 경작	39	66	1.7	24	383	16	20	62	3.1	83	511	1	6.1
5~10헥타르	227	400	1.8	159	776	4.8	58	251	4.3	444	1,427	3	3.2
10~25헥타르	687	2,642	3.8	707	4,569	6.4	338	1,500	4.4	1,732	8,711	20	5.0
25~50헥타르	387	3,755	9.7	672	8,564	12.7	186	1,056	5.7	1,245	13,375	30	10.7
50헥타르 이상	113	3,194	28.3	440	15,365	34.9	79	1,724	21.8	632	20,283	46	32.1
합계	1,453	10,057	7	2,002	29,657	14.8	681	4,593	6.7	4,136	44,307	100	10.7

농민 생활의 새로운 경제적 양상

"국유재산관리청에 등록된 내용에 따르면, 1890년에 세 개 군에서 임대차 계약이 체결된 133,852데샤티나의 정부 소유 토지 가운데 전체 면적의 약 63퍼센트에 해당하는 양질의 토지 84,756데샤티나가 미르에 의해 활용되었다. 그러나 미르가 임차한 토지는 대부분 상대적으로 부유한 소수의 가구들이 활용했다. 젬스트보의 가구별 인구조사는 이런 사실을 아주 분명하게 확인시켜주고 있다."(150쪽)[13]

"따라서 드네프르 군에서는 경작 가능한 전체 임차 토지의 절반 이상, 베르단스크에서는 3분의 2 이상, 대부분의 정부 소유 토지가 임대된 메리토폴에서는 임차 토지의 5분의 4가 휠씬 넘는 땅이 잘사는 농민 집단의 차지였다. 반면 (10데샤티나 미만을 경작하는) 가난한 농민들 집단은 세 개 군을 모두 합쳐 임차 토지의 약 4퍼센트에 해당하는 1,938데샤티나만을 확보했다"(150쪽)고 포스트니코프는 결론짓는다. 그런 다음 저자는 공동체 임차 토지의 불공평한 분배 사례들을 수없이 열거하고 있는데, 여기에서 일일이 인용할 필요는 없겠다.

임차 토지의 규모가 임차인의 부유한 정도에 따라 좌우된다는 포스트니코프의 결론과 관련해, 그와는 상반되는 젬스트보 통계학자들의 견해를 주목해보는 것도 아주 흥미로운 일

[13] 레닌주 이 표의 마지막 부분(세 개 군의 총합)은 포스트니코프가 제시한 것이 아니다. 해당 표의 주석에서 그는 "임대차 조건에 따라 농민들이 일구는 땅은 임차 토지의 3분의 1에 불과할 수도 있다"고 말한다.

이다.

포스트니코프는 자신의 저서 도입부에 「타우리다, 헤르손, 예카테리노슬라프 주에서의 젬스트보 통계 작업에 관하여」라는 글을 배치했다. 무엇보다 이 글에서 그는 1889년에 타우리다 젬스트보가 펴낸 『타우리다 주 편람』을 검토했는데, 편람에는 전체적인 조사 내용이 간략하게 요약되어 있었다. 그 중 임차를 다룬 부분을 분석하면서 포스트니코프는 이렇게 말한다.

"젬스트보 통계에 따르면, 토지가 풍부한 남부와 동부 주들에서 잘사는 농민들 중 상당한 비율의 농민들이 자기 소유의 막대한 분여지에 더해 아주 큰 규모의 토지를 부수적으로 임차하고 있다는 사실이 드러났다. 여기서 농업은 자기 가족의 필요를 충족시키기 위해서뿐만 아니라 일정 정도의 잉여소득을 얻기 위해 행해지고 있었으며, 그들은 그 수입으로 건물을 수리하고 기계를 구입하는 한편 추가로 땅을 사들였다. 이는 지극히 당연한 욕망이며, 그 자체로는 부농주의(kulakism)의 요소가 조금도 담겨 있지 않기 때문에 비난받을 만한 구석은 전혀 없다." 여기에 부농주의의 요소가 전혀 없다는 건 사실이다. 그러나 부유한 농민들이 자신들의 필요를 훨씬 뛰어넘는 토지를 임차함으로써 가난한 농민들의 생존에 필요한 땅을 빼앗아가고, 농장을 늘림으로써 필요한 추가 일손을 고용 노동으로 채우는 착취의 요소가 있다는 것도 틀림없다. "그러나 일부 젬스트보 통계학자들은 분명 농민 생활에서 나타나는 그러한 현상이 올바르지 못하다고 생각하면서도 그 중요성을 과소평가한다. 또한 농민들이 땅을 빌리는 이유가 주로 식량의 필요 때문이라고 주장하며, 잘사는 농민들이 많은 양의 땅을 임차하는 현실에는 아랑곳하지 않고 분여지의 규모가 증가할수록 토지를 임차하는 비율이 점차 감소한다는 걸 증명하려 애쓴다."(XⅦ쪽) 그 점을 입증하기 위해, 편람을 편찬한 베르너(Werner) 선생은 노동력이 있는 가족 구성원 한두 명과 농사짓는 가축 두세 마리를 보유한 타우리아 주 전체의 농가들을 분여지 규모에 따라 분류했다. 그러자 "분여지 규모가 증가할수록 땅을 임차한 가구의 비율은 규칙적으로 감소하고 가구당 임차한 토지의 양은 보다 덜 규칙적으로 감소한다"(XⅧ쪽)는 사실이 드러났다. 하지만 포스트니코프는 이런 방식이 전혀 정확하지 않다고 아주 적절하게 지적한다. 농민들 중 일부만(농사짓는 가축 두세 마리를 소유한 농민들만)을 자의적으로 선별하는 대신 부유한 농민들은 완전히 제외한데다, 임대차 환경이 서로 동일하지 않은 타우리다 주의 본토 군들과 크림 반도를 한 덩어리로 묶는다는 건 말도 안 되는 방식이었기 때문이다. 크림 반도에서는 인구의 절반에서 4분의 3 가량이 토지를 소유하고 있지 못한(이른바 데샤티네르[14]) 반면, 북부 군들에서는 3~4퍼센

---

14 토지를 임차한 뒤 돈이 아니라 수확한 작물의 일부로 임차료를 지불하는 남부 러시아의 농민들을 가리키는 말.―원서 편집자

트만이 토지 미소유자들이었던 것이다. 또한 크림 반도에서는 빌릴 만한 땅을 거의 언제나 쉽게 찾을 수 있었으나, 북부 군들에서는 때때로 불가능한 경우들이 있었다. 그럼에도 수입을 얻기 위해 땅을 임차하는 "올바르지 못"한 행위들이 농민 생활에서 나타나는 현실을 희석하기 위해 다른 주의 젬스트보 통계학자들도 그와 유사한 시도를 하고 있음이(물론 그 시도는 역시 성공하지 못했다) 관찰된다는 사실은 흥미롭다(앞서 언급한 카리셰프의 책 참조).

따라서 미분여지를 농민들에게 나눠서 임대해주는 행위에 있어 다양한 농가들 간에 양적으로든(많이 임차하거나 적게 임차하거나) 질적으로든(식량의 필요를 위해 임차하거나 상업적 목적으로 임차하거나) 차이들이 존재한다는 사실이 보인다면, 분여지 임차의 경우에는 더욱더 그러하다고 할 것이다.

"농민들이 다른 농민들로부터 임차한 경작 가능 분여지의 합계는 1884~6년 농민 가구별 인구조사를 통해 타우리다 세개 군에 등록된 바와 같이 경작 가능한 전체 농민 분여지의 4분의 1을 차지하는 256,716데샤티나였다. 여기에는 가게 점원, 교사, 성직자처럼 농민에 속하지 않고 가구별 인구조사의 대상이 아니면서 시골에서 살아가는 부류의 사람들에게서 농민들이 빌린 땅은 포함되지 않았다"고 포스트니코프는 말한다. 다음의 수치가 보여주듯이, 실제로 이 땅들은 모두 잘사는 집단에 속하는 농민들이 빌린 것이었다. 농민들이 이웃들로부터 빌린 경작 가능 분여지의 양은 인구조사에 기록된 대로 다음과 같았다.

가구당 10데샤티나 미만 경작	16,594데샤티나	6%
가구당 10~25데샤티나 경작	89,526데샤티나	35%
가구당 25데샤티나 이상 경작	150,596데샤티나	59%
합계	256,716데샤티나	100%

"하지만 임대된 토지의 상당 부분은 임대인 대부분이 그렇듯 농사를 전혀 짓지 않거나 극소수의 땅만 경작하는 농민 집단의 소유였다. 따라서 타우리다 소재 군들의 농민 상당수(전체 인구의 약 3분의 1)는 자신들의 분여지 전체를 활용하기보다는 다른 사람에게 임대하는 쪽을 택했고――농사를 지을 마음이 별로 없어서인 경우도 있었지만, 대부분은 농사를 짓는 데 필요한 가축과 농기구가 부족해서였다――그것 때문에 부유한 다른 농민들에 의해 땅이 활용되는 경우가 늘어났다. 그렇게 땅을 남에게 임대해주는 사람들의 다수는 의심할 나위 없이 가난과 몰락에 접어든 농가의 범주에 속한 사람들이었다."(136~7쪽)

이에 대한 증거는 다음의 표에서 제시되고 있는데, "타우리다 주 2개 군들(젬스트보 통계에서는 메리토폴 군에 대해서는 아무런

정보도 제공하고 있지 않다)에서 자신들의 분여지를 남에게 임대
해주는 가구의 비율과 그들에 의해 임대된 경작 가능 분여지
의 비율을 보여준다."(135쪽)

	베르단스크 군		드네프르 군	
	분여지 임대 가구 비율(%)	임대된 분여지 비율(%)	분여지 임대 가구 비율(%)	임대된 분여지 비율(%)
무경작	73	97	80	97.1
5데샤티나 미만	65	54	30	38.4
5~10데샤티나	46	23.6	23	17.2
10~25데샤티나	21.5	8.3	16	8.1
25~50데샤티나	9	2.7	7	2.9
50데샤티나 이상	12.7	6.3	7	13.8
군별	32.7	11.2	25.7	14.9

이제 이야기를 농민의 토지 보유권과 토지 활용에서 농장
가축과 농기구 분포의 문제로 옮겨가보자. 포스트니코프는 농
민 집단별로 소유한 농사용 가축의 수에 관해──세 개 군 모
두를 묶어서──다음의 데이터를 제시하고 있다.

	말	황소	가구당 평균(3개 군 전체)			
			농사용 가축	기타 동물[15]	가축의 합계	농사용 가축 미보유 기구의 비율(%)
무경작	–	–	0.3	0.8	1.1	80.5
5데샤티나 미만	6,467	3,082	1.0	1.4	2.4	48.3
5~10데샤티나	25,152	8,924	1.9	2.3	4.2	12.5
10~25데샤티나	80,517	24,943	3.2	4.1	7.3	1.4
25~50데샤티나	62,823	19,030	5.8	8.1	13.9	0.1
50데샤티나 이상	21,003	11,648	10.5	19.5	30	0.03
합계	195,962	67,627	3.1	4.5	7.6	–

이 수치들이 그 자체로 각각의 범주들의 특징을 나타내주지는 않는다. 여기에 대해선 농업 기술을 설명하고 경제적 범주에 따라 농민들을 분류하는 다음의 단락에서 다시 다룰 예정이다. 앞의 표를 통해 우리는 가축 수에 있어 농민 집단 간의 차이가 너무나 확연한 나머지, 상위 집단들의 경우에는 가족의 필요를 위해 요구될 것으로 여겨지는 것보다 훨씬 더 많은 수의 가축을 보유한 반면, 하위 집단들은 그 수가 너무나 적어서(특히 짐을 끄는 동물들이) 독자적으로 농사를 짓는 것이 불가능하다는 사실만을 지적해두어야겠다.

15 레닌주 가축과 대비되는.

농기구 분포에 관한 데이터도 모든 측면에서 그와 유사하다. "농민이 소유한 철제 쟁기와 조파기를 등록하게 한 가구별 통계 조사는 군 전체 인구에 대해 다음과 같은 수치를 제시하고 있다."(214쪽)

	가구 비율		
	쟁기류 미보유	조파기만 보유	철제 쟁기 등 보유
베르단스크 군	33	10	57
메리토폴 군	37.8	28.2	34
드네프르 군	39.3	7	53.7

이 표는 독자적으로 농사를 지을 수 없는 농민들이 얼마나 많은지를 잘 보여준다. 그 가운데 상위 집단들의 현황은 경작 면적에 따라 분류한 집단별 가구당 농기구 수를 표시한 다음의 데이터에서 살펴볼 수 있다.

	가구당 농기구 수					
	베르단스크 군		메리토폴 군		드네프르 군	
	운반도구 (마차 등)	쟁기류 (철제 쟁기 와 조파기)	운반도구	쟁기류	운반도구	쟁기류
5~10데샤 티나 경작	0.8	0.5	0.8	0.4	0.8	0.5
10~25데 샤티나	1.2	1.3	1.2	1	1	1
25~50데 샤티나	2.1	2	2	1.6	1.7	1.5
50데샤티나 이상	3.4	3.3	3.2	2.8	2.7	2.4

농기구 수를 보면, 최상위 집단은 최하위 집단보다(저자는 경작 면적이 5데샤티나 미만인 집단은 아예 무시하고 있다) 4~6배 더 많은 농기구들을 보유하고 있다. 빈면 가구당 노동에 종사하는 구성원 숫자[16]는 2배에도 못 미치는 25퍼센트 더 많을 뿐이다. 이것만으로도 최상위 집단은 필수적으로 노동력을 고용해야 하며, 최하위 집단에 속한 가구의 절반은(주의: 여기서 '최하위' 집단이란 밑에서부터 세 번째 부류를 말한다) 농기구조차 제대로 갖추지 못해 독자적으로 농사를 지을 수 없다는 걸 알 수 있다.

그리고 앞에서 언급한 토지와 농기구 양의 차이는 당연히 경작 면적의 규모에서 차이가 발생하는 원인이 된다. 6개 집단의 가구당 경작 면적은 앞에서 제시된 바 있고, 타우리다 주 농민들이 경작하는 전체 면적은 집단별로 다음과 같이 분포되어 있다.

	경작 면적(데샤티나)	%	
5데샤티나 미만 경작	34,070	2.4	
5~10데샤티나	140,426	9.7	인구의 40%가 12%의 작물 면적을 보유
10~25데샤티나	540,093	37.6	인구의 40%가 38%의 작물 면적을 보유
25~50데샤티나	494,095	34.3	인구의 20%가 50%의 작물 면적을 보유
50데샤티나 이상	230,583	16	
합계	1,439,267	100	

16 레닌주 다양한 집단의 가족 구성을 나타내주는 다음의 표를 참조할 것.

이러한 수치들이 말해주는 것은 명확하다. 포스트니코프의 추산으로는(272쪽) 한 가족이 오로지 농사만으로 살아가려면 16~18데샤티나의 경작 면적이 필요하다는 점만 덧붙여두겠다.

III

앞의 장에서 서로 다른 농민 집단 간의 재산 상태와 그들의 농사 규모를 보여주는 데이터를 요약해보았다. 그럼 이제부터는 다양한 농민 집단들의 농사의 성격과 그 방식, 그리고 농사 시스템을 나타내는 데이터를 종합해보고자 한다.

우선 "농민들의 노동생산성과 농가의 작업 능력이 농지 규모의 증가와 기계의 도입으로 상당 수준 올라가고 있다"(X쪽)는 포스트니코프의 명제를 한번 살펴보자. 저자는 서로 다른 경제 집단들에서 경작 면적당 노동자들과 농사에 동원된 가축들의 수를 계산해냄으로써 이런 명제를 증명해내고 있다. 하지만 그렇다 하더라도 가족 구성에 관한 데이터를 이용해 "하위 경제 집단들은 가족 내 노동 가능한 구성원들 일부를 외부에서 농장 노동자로 일하도록 내보내는 반면, 상위 집단들은 노동자들을 고용으로 끌어들인다"(114쪽)고 결론내리는 건 불가능하다. 타우리다 젬스트보 통계는 이미 고용되었거나 고용 시장에 나온 노동자들의 수를 제시하고 있지 않고, 그래서 포스트니코프는 사람들을 고용한 가구 수에 관한 젬스트보 통계 데이터를 가져와 정해진 경작 면적에 얼마나 많은 노동 인력이 필요한지를 계산하는 방식으로 그 수를 대략적으로 추산하고 있다. 그는 이러한 추산이 완벽히 정확하다고는 할 수 없다는 점을 인정하지만, 다른 집단들에서는 고용된 노동자 수가 적기 때문에 오직 상위 두 집단에서만 자신의 계산이 가족 구성에 상당한 오차를 발생시킬 가능성이 있다고 믿는다. 앞에서 제시한 가족 구성에 관한 데이터를 다음의 표와 비교함으로써 독자들은 이러한 견해의 정확성을 시험해볼 수 있겠다.

	타우리다 주 3개 군 내				
	노동 인력			가구당 평균	
	고용 유입	고용 유출	편차	가족 수	노동 인력[17]
					(고용 노동자를 포함한)
무경작	239	1,077	-838	4.3	0.9
5데샤티나 미만	247	1,484	-1,237	4.8	1.0
5~10데샤티나	465	4,292	-3,827	5.2	1.0
10~25데샤티나	2,846	3,389	-543	6.8	1.6
25~50데샤티나	6,041	—	+6,041	8.9	2.4
50데샤티나 이상	8,241	—	+8,241	13.3	5
합계	18,079	10,242	+7,837	—	—

17 다소 영어 같지 않은 이 용어는 고용된 노동력과 반대되는 개념으로, '농민 가구 중 노동을 하는 남녀 구성원들'을 가리키기 위해 사용되고 있다.―원서 편집자

표에서 마지막 세로줄을 가족 구성 데이터와 비교해보면, 우리는 포스트니코프가 최하층 집단에서는 노동자 수를 다소 낮게 잡았고, 최상위 집단에서는 높게 잡고 있다는 사실을 알 수 있다. 농장의 규모가 커질수록 경작 면적당 노동자의 숫자가 감소한다는 걸 입증하는 것이 그의 목적이었기에 그의 대략적인 추산은 그러한 감소율을 과장되게 키우기보다는 최소화하는 쪽을 택한 것이다.

이러한 사전 계산을 하는 과정에서 포스트니코프는 서로 다른 농민 집단별로 경작 면적과 노동 인력, 가축, 그리고 전체적인 인구 숫자와의 관계를 보여주는 다음과 같은 표를 제시하고 있다.

	작물 면적 100데샤티나당				
	농사용 가축 한 쌍당 경작 면적	가구 수	인원 수	노동 인력 수	농사용 가축의 수
			(고용 노동자를 포함한)		
5데샤티나 미만 경작	7.1(데샤티나)	28.7	136	28.5	28.2
5~10데샤티나	8.2	12.9	67	12.6	25
10~25데샤티나	10.2	6.1	41.2	9.3	20
25~50데샤티나	12.5	2.9	25.5	7	16.6
50데샤티나 이상	14.5	1.3	18	6.8	14
평균	10.9	5.4	36.6	9	18.3

"따라서 농장 규모와 경작 면적이 증가할수록 농업에서의 주요한 지출 내역인 노동력, 즉 인간과 동물의 유지 비용은 점진적으로 감소하고, 넓은 면적을 경작하는 집단들에서는 그 비용이 소규모 경작 집단에 비해 경작 면적당 거의 절반으로 떨어진다."(117쪽)

노동 인력과 가축을 유지하는 비용이 농업에서 가장 두드러진 지출 내역이라는 명제는 이후 저자가 한 메노파 교도[18] 농장의 구체적인 경비를 인용하면서 사실로 확인된다. 그에 따르면, 전체 지출 중에서 농장에 관한 일반 지출이 24.3퍼센트, 가축에 소요되는 지출이 23.6퍼센트, 노동 인력에 소요되는 지출이 52.1퍼센트였다.

포스트니코프는 (그의 서문에서 가져온 앞의 인용문에서 드러나듯이) 농장 규모가 커짐에 따라 노동생산성이 증가한다는 자신의 결론에 커다란 중요성을 부여하고 있다. 그리고 실제로 그 누구도 그 중요성을 부인할 수는 없는데, 첫째로 농민층의 경제 생활과 다양한 집단들의 농사의 성격을 연구하고, 둘째로 소규모 농업과 대규모 농업 사이의 관계라는 일반적 질문에 답하기 위해서다. 이 질문은 많은 학자들이 크게 혼동해왔던

18 18세기 말에 서유럽에서 러시아로 건너온 종교 분파로, 명칭은 창시자인 네덜란드인 메노 시몬스(Menno Simons)의 이름에서 유래됐다. 그들은 주로 예카테리노슬라프와 타우리다 주에 정착해서 살았으며, 대부분 부농이었다.─원서 편집자

주제로, 그러한 혼동의 주된 원인은 서로 상이한 사회적 환경 속에 존재하면서 농사 유형도 각각인 농장들을 비교했기 때문이었다. 예를 들어 농산물 생산으로 수입을 얻는 농가들과 다른 농가들이 필요로 하는 토지를 착취해 수입을 얻는 농가들을 서로 비교한 것이다(1861년 개혁 직후[19] 시기의 농민과 지주 농장들

19 농노를 소유한 지주들의 이해관계에 따라 차르 정부가 러시아에서 농노제를 폐지한 1861년 농민 개혁을 뜻한다. 당시 개혁은 러시아 경제 발전의 전체적인 진로와 봉건적 착취에 반대하는 농민들의 대중운동의 성장에 따라 그 필요성이 제기돼온 것이었다. '농민 개혁'은 성격상으로는 봉건적이었으나, 러시아를 자본주의의 길로 끌어당긴 경제 발전의 힘에 의해 봉건적 형식에다 자본주의적 내용을 담은 것이다. 그리고 "농민들로부터 도둑질하는 토지가 줄어들수록 농민들 소유의 토지는 지주들의 토지로부터 더욱 완전히 분리되고 농노 소유주들에게 지급되는 공물(즉 '상환금')이 적어졌다는 사실은 보다 명백해졌다."(「'농민 개혁'과 프롤레타리아-농민 혁명The "Peasant Reform" and Proletarian-Peasant Revolution」(본 전집 46권에 수록―편집자)) '농민 개혁'은 러시아가 부르주아 군주제로의 변신을 향해 한 걸음 나아가는 계기가 되었다. 1861년 2월 19일, 알렉산드르 2세는 농민들을 농노제의 속박에서 풀어주는 선언문과 '규칙'에 서명했다. 모두 합쳐 2,250만 명의 농노들이 예전의 지주들로부터 '해방되었다.' 하지만 토지소유권은 그대로 유지돼 농민들의 토지는 지주들의 재산으로 공표되었으며, 농민들은 법률에서 정한(그런 뒤 지주와의 합의에 의한) 크기의 분여지만을 얻을 수 있었고 거기에 대한 비용도 지불(상환)해야만 했다. 차르 정부는 일단 지주들에게 정해진 금액을 지불한 뒤, 농민들에게서 상환금을 걷었다. 대략적인 추산에 따르면, 개혁 후 귀족층은 7,150만 데샤티나의 토지를 소유했고, 농민들 몫은 3,370만 데샤티나였다. 개혁 덕분에 지주들은 과거에 농민들이 경작했던 땅의 20~40퍼센트를 떼어내 무단으로 전용할 수 있었다.
개혁은 농업에서 예전의 부역 체계를 단지 약화시키기만 했을 뿐 철폐하지는 않았다. 지주들이 농민들의 분여지 가운데 가장 실속 있고 중요

을 비교한 것이 한 예다). 포스트니코프는 그러한 실수에서 전적으로 자유로웠고, 모든 비교의 첫 번째 규칙, 즉 비교 대상은 유사한 체계에 속해 있어야 한다는 사실을 잊지 않았다.

그는 타우리다 소재 군들에 관한 자신의 주장을 아주 구체적으로 증명하고 있는데, 우선 각 군별로 데이터를 인용한 뒤 각각의 러시아 인구, 더 정확히 말하면 가장 많은 수를 차지하는 집단인 과거의 국유지 농민들에 관한 수치를 제시하고 있다.(273~4쪽)

한 땅(절취지, 숲, 목초지, 물 보급지, 방목지 등)을 가져가는 바람에 농민들은 독립적으로 농사를 지을 수 없었다. 상환금을 완전히 지불하기 전까지 농민들은 '일시적으로 예속돼 있는' 것으로 간주되었으며, 면역과 부역의 형태로 지주에게 봉사해야 했다. 농민들이 그들의 분여지에 대한 상환금을 지불하게끔 강제하는 행위는 지주들과 차르 정부에 의한 강탈이나 다름없었다. 농민들에게는 6퍼센트의 이자로 빚을 완전히 청산하기까지 49년의 기간이 주어졌다. 해가 갈수록 연체금은 늘어났다. 과거 지주들에게 매여 있었던 농민들이 차르 정부에게 상환금으로 지불한 돈만 해도 모두 합쳐 19억 루블에 달한 반면, 농민들 소유로 넘어간 토지의 시장 가격은 5억 4,400만 루블도 되지 않았다. 농민들은 실제로는 자신들 소유인 토지에 수억 루블을 지불해야만 했고, 이는 그들의 농장을 몰락시켜 농민 대중을 빈곤에 빠뜨리는 결과를 낳았다. 체르니셉스키(Chernyshevsky)를 중심으로 하는 러시아의 혁명적 민주주의자들은 '농민 개혁'의 이러한 봉건적 성격을 비판했다. 레닌은 1861년의 '농민 개혁'을 가리켜, 농업에서의 초기 자본주의의 이익을 위해 지주들로 하여금 "부동산을 처분하도록" 해줌으로써 농민들을 상대로 대규모 폭력 행위를 저지른 첫 사례라 말했다.—원서 편집자

	농사용 가축 한 쌍당 경작 면적(데샤티나)					
	각 군별 전체			과거 국유지 농민 중		
	베르단스크	메리토폴	드네프르	베르단스크	메리토폴	드네프르
5데샤티나 미만 경작	8.9	8.7	4.3	—	—	—
5~10 데샤티나	8.9	8.7	6.8	8.9	9.1	6.8
10~25 데샤티나	10.2	10.6	9.7	10.3	10.9	9.6
25~50 데샤티나	11.6	12.4	12.3	12.3	12.8	11.9
50데샤티나 이상	13.5	13.8	15.7	13.7	14.3	15
평균	10.7	11.3	10.1	—	—	—

다다른 결론은 동일했다. "소규모 농장에서 농사에 이용되는 경작 면적당 가축의 수는 '최대 규모' 농장에서의 숫자보다 1.5~2배 더 많았다. 가구별 인구조사에서는 다른 모든 소규모 집단들——예전에 지주에게 매여 있던 농민들, 농민 등——의 경우에도 동일한 법칙이 통용된다는 걸 확인하였으며, 모든 지역, 심지어 하나의 읍이나 마을에 국한된 가장 작은 지역에서도 마찬가지였다."(274쪽)

또한 경작 면적의 크기와 농장 지출 사이의 관계는 농기구와 생산에 활용되는 동물들의 유지 같은 또 다른 유형의 지출에 있어서도 소규모 농장에게 결코 유리한 환경이 아님이 밝혀졌다.

우리는 최하위 집단에서 최상위 집단으로 올라갈수록 그 두 항목의 지출이 얼마나 급격히 증가하는지를 이미 살펴본 바 있다. 그러나 경작 면적당 농기구의 수량을 계산해본다면, 최하위에서 최상위로 갈수록 그것이 감소한다는 사실을 발견하게 된다.(318쪽)

	작물 면적 100데샤티나당		
	생산에 참여하는 동물	철제 쟁기와 조파기	마차
5데샤티나 미만 경작	42(두)	4.7	10
5~10데샤티나	28.8	5.9	9
10~25데샤티나	24.9	6.5	7
25~50데샤티나	23.7	4.8	5.7
50데샤티나 이상	25.8	3.8	4.3
3개 군 종합	25.5	5.4	6.5

"이 표는 가구당 경작 면적이 증가할수록 (경작과 운반에 사용되는) 가장 큰 도구들은 경작 면적당 그 수가 점진적으로 감소하고, 그 결과 최상위 집단 소유의 농장들에서 경작과 운반 도구들을 유지하는 비용은 면적 대비 상대적으로 적다는 사실을 보여준다. 그러나 가구당 10데샤티나 미만으로 경작하는 집단은 예외였다. 그들은 그 바로 위의 집단에 비해 상대적으로 농기구가 적었는데, 이는 농민들 중 상당수가 자기 소유의 농기구가 아니라 빌린 농기구로 일을 하기 때문이며 그렇다고

해서 농기구에 지출하는 비용이 감소하는 건 아니었다."(318쪽)

포스트니코프는 "젬스트보 통계는 농장 규모가 클수록 정해진 경작 면적에서 활용되는 농기구와 노동자, 농사용 가축의 수는 더 줄어든다는 사실을 이론의 여지 없이 증명하고 있다"(162쪽)고 말한다.

더 나아가 그는 "앞의 장에서는 타우리다 소재 군들의 모든 지역과 농민 집단에서 이런 현상이 발생한다는 사실을 살펴보았다. 젬스트보 통계에 따르면 농업이 농민 경제의 중추를 이루는 다른 주들에서도 같은 현상을 볼 수 있었다. 이런 현상은 광범위하게 퍼져 있어 하나의 법칙 형태를 띠며, 그것이 소규모 작물 농업의 경제적인 의미를 상당한 수준으로까지 강탈해간다는 점에서 볼 때 경제적으로 매우 중요하다"(313쪽)고 말한다.

포스트니코프의 마지막 이 언급은 다소 섣부른 감이 있다. 소규모 농장들이 대규모 농장들에 의해 필연적으로 밀려날 수밖에 없다는 걸 입증하기 위해 거대 농장이 지닌 커다란 이점(낮은 생산 가격)을 증명하는 것으로는 충분치 않기 때문이다. 즉 자연경제에 비해 화폐(더 엄밀하게는 상품)경제가 우위에 있다는 사실 또한 확립되어야 하는 것이다. 생산품이 생산자 자신에 의해 소비되고 시장으로 유통되지 않는 자연경제에서는 값싼 생산품이 시장에 나온 더 비싼 생산품과 마주칠 일이 없고, 따라서 그것을 몰아낼 수가 없다. 거기에 대해서는 곧 다시 다루게 될 것이다.

앞에서 확립된 법칙이 러시아 전체에 적용된다는 것을 입증하기 위해 포스트니코프는 각 군별로 인구를 경제적으로 세분화한 젬스트보의 통계를 가져와, 서로 다른 집단에서 농사용 가축과 노동 인력당 경작 면적을 계산해냈다. 결론은 동일했다. "작은 규모의 농장은 보다 큰 규모의 농장보다 1.5~2배 더 많은 노동력 유지 비용을 지불해야 한다는 것이었다."(316쪽) 이는 페름(314쪽)과 보로네시, 사라토프, 체르니고프 같은 주들에서도 모두 사실이었기에, 이 법칙이 러시아 전체에 적용될 수 있다는 걸 포스트니코프가 증명했다는 데는 의심의 여지가 없다.

이제 그럼 서로 다른 집단에 속한 농장들의 "수입과 지출"(IX장) 문제와 시장과의 관계 문제로 넘어가보자.

포스트니코프는 "독립적인 단위를 이루는 각 농장의 영토는 다음의 네 부분으로 구성되어 있다. 첫째는 농장에서 생활하는 노동자들과 일하는 가족의 생계유지를 위해 필요한 식량을 생산하는 구역으로, 좁은 의미에서 농장의 **식량** 구역이라 할 수 있다. 두 번째는 농장에서 일하는 가축의 여물을 제공하는 구역으로, **사료** 구역이라 불린다. 세 번째는 농장 뜰, 도로, 저수지 등과 종자를 생산하는 면적으로, 용도를 구분하지 않고 농장 전체의 필요를 위해 기여한다는 점에서 **농장 서비스** 구역이라 부를 수 있겠다. 마지막으로는 곡물과 식물을 생산해 가공하거나 원료 그대로 시장에 내다파는 **시장** 또는 **상업 구역**이 있다. 영토를 이렇게 네 구역으로 나누는 것은 재배하는 작물이 아닌 직접직인 경직 목적에 따라 각각의 농장에서 결정할 부분이다"라고 말한다.

"농장의 현금 수입은 해당 농토의 상업 구역에 의해 결정되고, 그 규모가 클수록 그것으로부터 얻는 농산품의 상대적 가치는 더 커지며, 시장에 대한 농민들의 수요가 더 클수록 그 나라가 시장 주변의 농업 외곽에서 유지할 있는 노동력의 양도 더 많아지게 된다. 또한 국가(재정)와 문화적인 측면에 있어 농업의 중요성이 커지면 커질수록 경작자 자신의 순수익과 농장 경비 및 개선 작업을 위해 그가 처분할 수 있는 자원도 더 많아지게 된다."(257쪽)

포스트니코프의 이런 주장은 완벽하게 사실일 것이다. 아주 중요한 부분 하나만 수정한다면 말이다. 저자는 나라 전반에 있어 농장의 상업 구역의 중요성을 말하지만, 이는 화폐경제가 지배하고 상품이라는 형식이 생산에서 큰 부분을 차지하는 나라의 경우에만 확실하게 해당되는 이야기다. 이런 조건을 망각한 채 그것을 자명한 것으로 간주하고 특정 국가에 얼마나 적용될 수 있을지를 면밀히 살펴보는 과정을 생략한다면, 그것은 속물 정치경제학의 실수를 답습하는 꼴이 될 것이다.

농장 전체에서 시장 구역을 선정하는 작업은 아주 중요하다. 내수시장에서 중요한 것은 생산자의 전반적인 수입(이것에 따라 그의 잘사는 수준이 결정된다)이 아니라 오로지 그의 현금 수입이 얼마냐 하는 부분이다. 생산자가 얼마만큼의 화폐 자산을 소유하느냐는 그의 잘사는 정도에 따라 결정되는 것이 아니다. 자연경제에 종사하며 자신의 땅뙈기로부터 스스로의 요구 조건을 전적으로 충족시킬 만큼의 충분한 농산물을 얻는 농민은 유복할지는 몰라도 화폐 자산을 소유하고 있지는 않다. 반면 자신의 땅뙈기로부터 스스로 필요로 하는 곡물의 아주 일부만 얻고 나머지는(양도 적고 질도 떨어질지라도) 비정기적인 수입으로 충당하는 반쯤 몰락한 농민은 형편은 어렵지만 화폐 자산을 소유하고 있다. 여기에서 볼 때, 수입 중 현금 부분을 계산하지 않은 채 농가와 그들이 얻는 수입에서 시장이 차지하는 중요성을 논한다는 것은 전혀 무가치한 일이라는 게 분명해진다.

서로 다른 농민 집단들의 농장에서 경작 면적 중 앞의 네 구역의 규모가 어떻게 되는지를 확인하기 위해 포스트니코프는 우선 1인당 어림잡아 3분의 2데샤티나에 해당하는 2체트베르티[20]의 곡물을 소비한다고 가정해 연간 곡물 소비량을 추산한다. 그런 다음 그는 사료 구역을 말 한 마리당 1.5데샤티나로 잡고, 종자 구역을 전체 경작 면적의 6퍼센트로 추정해 다음과 같은 결과에 이른다.[21]

20 1체트베르티는 약 220리터다.—편집자

	경작 면적 100데샤티나당 구성 (단위: 루블)				현금 수입	
	농장 서비스 부문	식량 부문	사료 부문	상업 부문	경작 면적 1데샤티나당	가구당
5데샤티나 미만 경작	6	90.7	42.3	-39	–	–
5~10데샤티나	6	44.7	37.5	+11.8	3.77	30
10~25데샤티나	6	27.5	30	36.5	11.68	191
25~50데샤티나	6	17	25	52	16.64	574
50데샤티나 이상	6	12	21	61	19.52	1,500

포스트니코프는 "다양한 집단들의 현금 수입에서 나타나는 차이는 농장 규모의 중요성을 입증하기에 충분하다. 그러나 다양한 집단들이 경작으로부터 벌어들이는 수입의 차이는 실제로는 훨씬 더 컸는데, 상위 집단들이 단위면적당 얻는 수확량이 훨씬 더 크고 시장에 내다 팔 때 더 좋은 가격을 확보하기 때문이라고 보는 편이 맞을 것"이라고 말한다.

"이렇게 확보된 소득을 기록할 때 우리는 농장 전체 면적이 아니라 경작 중인 땅만을 포함시켜왔다. 타우리다 군 내 농가들이 다양한 종류의 가축을 사육하기 위해 다른 농지를 활용하는 방식에 대한 엄밀한 데이터가 없기 때문이다. 그러나 오로지 경작만을 고집하는 남부 러시아 농민의 현금 소득에 관

---

21 레닌 주 현금 수입을 밝히기 위해 포스트니코프는 전체 상업 구역에 가장 비싼 곡물인 밀을 심는다고 가정한 다음, 평균 수확량과 일반적인 가격을 알아내 이 면적에서 얻을 수 있는 농산물의 가치를 계산해냈다.

한 한 그것은 거의 전적으로 경작 면적에 의해 결정되기 때문에, 앞의 수치들은 다양한 농민 집단들 간에 농사로 벌어들이는 현금 소득상의 차이를 아주 정확하게 드러내준다. 또한 이러한 수치들은 경작 면적의 크기에 따라 현금 소득이 얼마나 뚜렷하게 변화하는지도 잘 나타내준다. 75데샤티나의 경작 면적을 가진 가구는 연간 1,500루블의 현금 수입을 얻는 반면, 34와 2분의 1데샤티나의 면적을 보유한 가구는 574루블, 16과 3분의 1데샤티나의 면적을 지닌 가구는 불과 191루블만 벌어들인다. 심지어 8데샤티나를 경작하는 가구는 수입이 30루블밖에 안 돼 부수적인 벌이가 없이는 농장에 필요한 현금 지출을 충당하기에도 부족하다. 물론 여기서 인용된 수치들이 농가의 순수입을 나타내주는 건 아니다. 그걸 파악하려면 세금, 농기구, 건물, 의복과 신발 구입비 등의 가계 지출을 제해야 한다. 그러나 그런 지출은 농장 규모가 증가할수록 그에 비례해 늘어나는 건 아니다. 가족의 생계를 유지하는 데 드는 비용은 가족의 규모에 비례해 증가하고, 표에서 보여주듯이 가족의 규모는 다양한 집단들의 경작 면적보다 훨씬 더 천천히 증가한다. 농장의 전체 지출(토지세와 임대료, 건물 수리, 농기구)에 관해서는, 어쨌든 그것들은 농장 규모에 비례하는 것 이상으로 증가하지는 않는 반면, 농장으로부터 벌어들이는 현금 총수입은 앞의 표에서 보듯이 경작 면적의 규모에 정비례한 것 이상으로 증가한다. 더구나 이 모든 비용들은 농장의 주된 지출 항목인 노동력 유지 비용과 비교해볼 때 아주 적은 편이다. 따라서 우리는 농가 살림살이에서 경작을 통해 벌어들이는 단위면적당 순수익은 농장 규모가 작아질수록 점진적으로 줄어든다는 법칙을 도출해낼 수 있다."(320쪽)

이에 따라 우리는 포스트니코프의 통계치를 통해, 서로 다른 집단들에서의 농민 농업은 시장에 관한 한 상당히 다양한 모습을 띤다는 사실을 알 수 있다. 우선 (가구당 경작 면적이 25데샤티나 이상인) 최상위 집단들은 이미 상업적 농업을 실시하고 있고 시장이 제공하는 수입을 위해 곡물을 재배한다. 반면 최하위 집단들에서는 경작만으로 가족의 필수적인 요구를 충족시키지 못하고 있었다(이는 가구당 10데샤티나 미만을 경작하는 농가에 해당하는 이야기다). 만약 우리가 농장의 전체 지출을 정확히 계산하고자 한다면, 이런 집단들에서는 농장이 적자로 운영된다는 사실을 어김없이 발견하게 될 것이다.

서로 다른 집단으로 쪼개진 농민층과 시장 수요도 사이의 관계 문제를 해결하기 위해 포스트니코프가 인용한 데이터를 활용해보는 작업 또한 아주 흥미롭다. 우리는 이러한 수요도가 상업 구역의 크기에 좌우되고, 농장 규모가 커질수록 상업 구역도 더 커진다는 사실을 알고 있다. 그러나 최상위 집단들에서의 농장 규모 증가와 나란히 하여 최하위 집단들에서는 그 규모의 감소가 발생한다. 농장 숫자와 관련해서는, 최하위 집단들은 최상위보다 두 배 더 많은 농장들을 포괄하고 있다.

예를 들어 타우리다 소재 군들에서 최하위 집단에 속한 농장들은 40퍼센트를 차지하고 최상위 집단은 20퍼센트만 차지할 뿐이다. 그렇다면 전체적으로 앞에서 언급한 경제적인 분할이 시장 수요도를 감소시킨다는 결과에 도달할 수는 없는 걸까? 정확히 말하자면, 우리는 이 질문에 대해 순전히 **선험적인** 이유만으로도 부정적인 대답을 할 자격을 지니고 있다. 최하위 집단들은 농장 규모가 너무 작아서 농업만으로는 가족의 요구를 완전히 충족시킬 수 없는 게 현실이다. 굶어죽는 신세를 면하기 위해 이들 최하위 집단의 구성원들은 자신들의 노동력을 시장에 내놓고 그걸 팔아서 화폐 자원을 제공받을 수밖에 없다. 따라서 농장의 규모가 작은 탓에 그만큼 더 줄어든 시장 수요를 그런 식으로 (일정 정도) 상쇄하고 있는 것이다. 그러나 포스트니코프가 제시한 데이터는 우리로 하여금 제기된 문제에 대한 보다 엄밀한 해답을 내놓을 수 있게 해준다.

일정한 경작 면적, 즉 1,600데샤티나를 가지고 그걸 먼저 경제적으로 동질적인 농민들 사이에 나누고, 그 다음에는 오늘날 타우리다 소재 군들에서처럼 서로 다른 집단으로 쪼개진 농민들 간에 나누는 두 가지 방식을 취한다고 상상해보자. 첫 번째 경우에서 한 농가당 평균 16데샤티나의 땅이 주어지게 된다고(실제로 타우리다 군들에서 그러하듯이) 가정할 때, 우리는 농업으로 자신들의 요구를 완전히 충족시키는 100개의 농장을 갖게 된다. 그렇다면 시장에 대한 수요는 191×

100=19,100루블이 될 것이다. 두 번째 경우에서는 1,600데샤티나의 경작 면적을 실제로 타우리다 군 농민들 사이에서 정확히 그러하듯이 100개의 가구마다 각각 다르게 나눈다. 즉 8가구는 아예 경작할 땅이 없고, 12가구는 각각 4데샤티나, 20가구는 각각 8데샤티나, 40가구는 각각 16데샤티나, 17가구는 34데샤티나, 3가구는 75데샤티나를 나눠 갖는 것이다(이를 모두 합치면 1,583데샤티나로, 1,600데샤티나에 조금 못 미친다). 그렇게 분배했을 때, 농민들 가운데 상당 비율(40퍼센트)은 자신들의 요구를 전부 충족시킬 만큼의 충분한 수익을 토지에서 끌어낼 수 없게 될 것이다. 가구당 5데샤티나가 넘는 경작 면적을 가진 농가들만 계산해보면, 시장에서의 화폐 수요도는 $(20\times30)+(40\times191)+(17\times574)+(3\times1,500)=21,350$루블이 나온다. 따라서 20가구를 제외하고(틀림없이 이들도 현금 수입이 있을 테지만, 그건 자신들의 생산물을 팔아서 얻은 것이 아니다) 경작 면적이 1,535데샤티나로 줄어들었음에도 불구하고 시장에서의 총화폐 수요는 더 높아진다는 사실을 발견할 수 있다.[22]

22 원고에서 레닌의 주장을 입증하기 위해 활용된 수치들에는 다소 부정확한 부분들이 포함돼 있다. 전체 경작 면적은 1,651데샤티나가 되어야 하며, 시장에서의 화폐 수요량도 가구당 5데샤티나 이상의 경작 면적을 가진 농가들만 계산했을 때 22,498루블이 맞다. 그리고 가구당 5데샤티나 이상의 경작 면적을 가진 농가들을 계산했을 때 총경작 면적은 1,60데샤티나여야 한다. 하지만 이런 부정확함이 전체적인 결론에 영향을 주지는 않는다.—원서 편집자

최하위 경제 집단들에 속한 농민들은 어쩔 수 없이 자신들의 노동력을 내다 팔 수밖에 없는 데 비해, 최상위 집단 구성원들은 자기네 가족의 노동력만으로는 그 큰 규모의 땅을 경작할 수 없기 때문에 노동력을 구매해야 한다는 점은 앞서 이미 말한 바 있다. 이제 우리는 이러한 중요한 사실을 보다 구체적으로 고민해볼 필요가 있다. 포스트니코프는 그것을 "농민 생활의 새로운 경제적 양상"으로 명백히 분류하지는 않고 있지만(그의 연구 결과를 요약한 서문에서는 적어도 그런 언급이 없다), 부유한 농민들에 의한 기계의 도입이나 경작 확대보다 훨씬 더 주목해볼 가치가 있다.

그는 "타우리다 소재 군들에서 보다 부유한 농민층은 일반적으로 노동자들을 상당한 정도로까지 고용하고 있고, 자기네 가족들의 작업 능력을 훨씬 초과하는 면적을 경작한다. 따라서 세 개 군들에서 노동자들을 고용하는 농가의 비율은 각 범주별로 다음과 같다.

무경작	3.8%
5데샤티나 미만	2.5
5~10데샤티나	2.6
10~25데샤티나	8.7
25~50데샤티나	34.7
50데샤티나 이상	64.1
평균	12.9%

이러한 수치들은 노동자들을 고용하는 이들이 대부분 넓은 경작 면적을 가진 부유한 농민들이라는 사실을 보여준다"(144쪽)고 말한다.

이미 제시됐던 집단별 가족 구성에 관한 데이터를 노동자들을 고용한 집단(세 개 군을 다 합쳐서)과 그렇지 않은 집단(세 개 군을 따로따로)으로 나눠 비교해보면, 우리는 가구당 25~50데샤티나를 경작하는 농민들이 노동자들을 고용함으로써 농장의 일손을 약 3분의 1 가량 증가(가구당 1.8~1.9명에서 2.4명으로)시키는 반면, 가구당 50데샤티나 이상을 경작하는 농민들은 노동자들의 수를 거의 두 배로 늘린다(2.3명에서 5명으로)는 사실을 알 수 있다. 심지어 그들의 자체 노동력은 7,129명에 불과하지만 고용한 노동자들은 8,241명에 달한다는 저자의 추산(115쪽)에 따르면, 그 수는 두 배를 훨씬 더 초과한다. 최하위 집단들이 상당한 수의 노동력을 토해내야 한다는 사실은 그들이 농사만으로는 자신들의 생계 유지에 필요한 생산량을 얻을 수 없다는 바로 그 사실로 인해 명확해진다. 불행히도 우리는 외부 노동을 위해 쏟아져나온 사람들의 숫자에 대한 엄밀한 데이터를 갖고 있지 못하다. 다만 자신들의 분여지를 임대해주는 가구의 숫자를 통해 간접적으로 그 수를 파악할 수 있을지는 모른다. 앞에서 우리는 타우리다 소재 군 주민들 가운데 약 3분의 1 가량이 자신들의 분여지를 최대치로 이용하지 못하고 있다는 취지의 포스트니코프의 주장을 인용한 바 있다.

IV

앞에서 제시한 데이터를 통해 우리는 포스트니코프가 각양각색의 가구들의 경제 상태에 "엄청난 다양성"이 존재한다는 자신의 견해를 완벽히 입증했다는 사실을 알 수 있었다. 이러한 다양성은 농민들의 재산 상태와 그들이 경작하는 땅의 크기뿐만 아니라 서로 다른 집단에서의 농업의 성격에도 적용된다. 그러나 그것이 전부는 아니다. "다양성"과 "차이"란 단어는 그러한 현상을 완전히 설명하기에는 불충분하다는 사실이 드러나고 있다. 한 농부가 한 마리의 가축을 소유하고 있고 또 다른 농부는 열 마리를 가지고 있다고 할 때, 우리는 그걸 가리켜 차이라 부른다. 그러나 또 어떤 농부가 자신의 필요를 충족시켜주는 분여지 외에 오로지 이윤을 뽑아낼 목적을 가지고 수십 데샤티나의 토지를 임차한다고 할 때, 즉 가족을 먹여 살리는 데 필요한 토지를 임차할 다른 누군가의 기회를 빼앗아간다고 할 때, 분명 우리는 훨씬 더 큰 무언가에 봉착하게 된다. 우리는 그런 것을 가리켜 "갈등"(323쪽) 또는 "경제적 이해관계의 충돌"(XXXII쪽)이라 부르곤 한다. 포스트니코프는 이런 단어들을 사용하면서도 그 중요성을 완전히 이해하지는 못하고 있으며, 그렇다고 그런 단어들 자체가 부적절하다고 여기지도 않는다. 가난의 늪에 빠진 주민들의 분여지를 빌리고 더 이상 자신의 농장을 꾸려나갈 수 없게 된 농민을 노동자로 고용하는 것은 단순한 갈등이 아니라 착취다.

오늘날 농민층 사이의 깊어진 경제적 갈등을 인식한다면, 우리는 더 이상 그들이 소유한 재산에 따라 농민들을 몇 개의 계층으로 나누는 데만 머물러서는 안 된다. 만약 앞에서 언급한 다양성이 단순한 양적인 차이에 해당한다면 그런 구분만으로 충분할 것이다. 그러나 실제로는 그렇지 않다. 어떤 농민 집단은 상업적인 이윤을 목적으로 농사를 지어 엄청난 현금 수입을 얻는 반면 또 다른 집단은 농업만으로는 가족의 기본적인 요구조차 충족시킬 수 없다면, 상위 농민 집단들이 하위 집단들의 몰락을 토대로 하여 자신들의 농업을 개선시킨다면, 부유한 농민들이 상당한 규모의 노동력을 고용하는 데 비해 가난한 농민들은 어쩔 수 없이 자신들의 노동력을 팔아서 살아갈 수밖에 없다면, 이러한 현상은 의심할 나위 없이 질적인 차이라 할 수밖에 없다. 그리고 그때 우리의 임무는 농사 자체의 성격상 차이에 따라(즉 기술이 아닌 경제 질서에서 비롯된 농사의 특성에 따라) 농민층을 분류하는 것이 되어야 한다.

포스트니코프는 그러한 차이들에 별다른 관심을 기울이지 않았다. 따라서 그가 "주민들을 집단별로 더욱 일반화시켜 구분할"(110쪽) 필요성을 인정하고 실제 그런 구분을 시도하고 있지만, 곧 알게 되듯이 이러한 시도는 그다지 성공적이지 못한 것으로 여겨진다.

포스트니코프는 "주민들을 경제 집단별로 더욱 일반화시켜 구분하기 위해, 비록 모든 지역에서 단일한 경제적 의미를 지니고 있는 건 아니지만 농민들 스스로가 그렇게 구분하고 젬스트보 통계학자들이 모든 군에서 목격했던 것과도 더 잘 일치하는 다른 기준을 채택하고자 한다. 그것은 바로 농민들이 소유한 농사용 가축의 수에 좌우되는 농장 운영 자립도에 따른 구분법이다"(110쪽)라고 말한다.

"현재로서는 남부 러시아 지역의 농민들을 경제 자립도와 농사 방식에 따라 다음과 같이 크게 세 집단으로 구분할 수 있겠다.

1) 완전한 한 조로 구성된, 즉 쟁기나 그 외 다른 농기구를 끌기에 충분한 가축을 소유하고, 다른 농민들을 고용하거나 그들과 같이 한데 어울려서 일할(yoking)[23] 필요 없이 자신이 소유한 가축들로 자기 땅을 경작할 수 있는 농가. 쟁기나 조파기를 사용할 때 두세 쌍 이상의 가축을 동원하기 때문에 최소

---

23 마을 빈농들의 오래된 초보적 공동 작업 형태. 몇몇 농가들이 각자 보유한 농사용 가축과 그 밖의 생산수단들을 한데 모아놓고 농사를 짓는 방식이다. 레닌은 『러시아에서의 자본주의 발전』 2장에서 요킹(yoking)을 "농민 부르주아지에 의해 축출당하고 있는 위태로운 농가들 간의 협동"이라 부르고 있다.—원서 편집자

두세 명의 성인 노동력과 한 명의 시간제 노동자가 필요하다.

2) 가축이 충분치 않은 농민, 즉 독자적으로 밭을 갈기엔 보유한 가축만으로는 부족해서 서로 도와가며 밭일을 하는 요커(yoker)들. 이들은 가축을 한두 쌍 보유하고 있기 때문에 한두 명의 성인 노동력을 동원할 수 있다. 단단하고 거친 땅에서 쟁기질을 하려면 세 쌍의 가축이 필요한데, 이 경우엔 설사 두 쌍의 가축을 소유하고 있다 하더라도 서로 도와가며 일을 해줄 농민들이 언제나 필요하다.

3) '뚜벅이들', 즉 가축이 전혀 없거나 한 마리(황소는 보통 짝을 이뤄 키우고 멍에를 채우기 때문에 대개는 말을 뜻한다)만 갖고 있는 농가. 이들은 다른 농민들에게서 가축을 빌려 일을 하거나, 자신들의 땅을 임대해주고 수확의 일부를 가져갈 뿐 직접 땅을 경작하지 못하는 사람들이다.

이렇게 농사용 가축의 수와 그것들을 동원하는 방식같이 농민 생활에 있어 기본적인 경제적 기준에 따라 농민들을 분류하는 것은 대개 다름 아닌 농민들 자신이다. 그러나 앞서 열거한 각각의 분리된 집단의 경계 내에서와 집단별 구분에 있어 상당히 많은 변형된 형태들이 존재한다."(121쪽)

전체 가구 수에서 이들 집단들이 차지하는 비율은 다음과 같다.(125쪽)

	I	II	III	
	보유 가축으로 작업	요킹 기반으로 작업	빌린 가축으로 작업	재배지 없음
베르단스크 군	37	44.6	11.7	6.7
메리토폴 군	32.7	46.8	13	7.5
드네프르 군	43	34.8	13.2	9

　이 표와 나란히 저자는 각 군별로 가축의 분포 현황을 보여주기 위해 그들이 소유한 농사용 가축의 수에 따른 가구 분류를 제시하고 있다.

	전체 가구 수에서 차지하는 비율			
	농사용 가축(가구당)			
	4마리 이상	2~3마리	1마리	없음
베르단스크 군	36.2	41.6	7.2	15
메리토폴 군	34.4	44.7	5.3	15.6
드네프르 군	44.3	36.6	5.1	14

　결과적으로 타우리다 소재 군들에서 농사용 가축들은 네 마리 이상이 완전한 한 조를 이루고 있다.

　포스트니코프가 행한 것과 같은 이런 분류법은 모두를 만족시킬 수는 없는데, 무엇보다도 각각의 세 집단들 내에 뚜렷한 차이가 목격되고 있기 때문이다.

그는 "남부 러시아에서는 한 조로 구성된 가축을 소유한 가구 집단 내에서 상당한 다양성이 뚜렷이 관찰된다. 많은 수의 가축을 보유한 잘사는 농민들과 더불어 적은 수의 가축들을 가진 가난한 농민들도 존재하는 것이다. 전자는 다시 완전한 작업조를 이룬 가축들(6~8마리 이상)을 보유한 사람들과 완전한 한 조보다 적은 수(4~6마리)를 보유한 사람들로 나뉠 수 있다. …… '뚜벅이'의 범주에 속한 가구들도 잘사는 정도에 있어서는 상당한 편차를 나타낸다"(124쪽)고 말한다.

포스트니코프가 채택한 분류법에 있어서 또 다른 애로점은 이미 지적했던 바와 같이 젬스트보 통계가 보유 가축 수가 아니라 경작 면적에 따라 주민들을 분류하고 있다는 사실이다. 따라서 다양한 집단들의 재산 상태를 정확히 표현할 수 있으려면 경작 면적에 따른 분류법이 활용되어야 하는 것이다.

이를 토대로 포스트니코프는 또한 주민들을 세 집단, 즉 경작 면적이 10데샤티나 미만이거나 아예 없는 소규모 경작자들과 10~25데샤티나의 중간 규모 경작자, 그리고 가구당 25데샤티나 이상인 대규모 경작자들로 나누고 있다. 그는 첫 번째 집단을 가리켜 "가난한" 집단, 두 번째를 중간층, 세 번째를 잘사는 집단이라 부르고 있는데, 그 각각의 규모에 대해서는 다음과 같이 말한다.

"전체적으로 (이주민들을 제외한) 타우리다 농민들 중에서 대규모 경작자들은 전체 가구 숫자의 약 6분의 1을 차지하고, 중간 규모 경작자들은 약 40퍼센트인 반면, 소규모 또는 경작지가 전혀 없는 가구는 40퍼센트를 약간 상회한다. 타우리다 소재 군들의 전체 인구(이민자들을 포함한)를 놓고 보면 대규모 경작자들은 약 20퍼센트, 중간 규모 경작자들은 40퍼센트, 소규모 또는 경작지 미보유 가구 역시 약 40퍼센트를 차지하고 있다.”(112쪽)

그러므로 독일 이민자들을 포함시킨다 하더라도 집단별 분포 변화는 아주 미세할 뿐이며, 그래서 군 전체의 전반적인 통계를 사용한다 하더라도 문제 될 게 없다.

이제 우리는 이들 집단 각각의 경제적 상황을 가능한 정확하게 묘사해 농민층 사이의 경제적 갈등의 정도와 원인들을 확인할 필요가 있겠다.

포스트니코프는 스스로 이런 임무를 설정하지는 않았다. 그 이유는 그가 인용한 데이터가 아주 넓게 분산돼 있고, 각 집단들에 대한 전반적인 관찰이 충분히 명확하지 않았기 때문이다.

그렇다면 우리는 타우리다 소재 군 인구의 5분의 2가 속해 있는 가난한 농민들 집단을 먼저 살펴보도록 하자.

이 집단이 소유한 (농업에서 주요한 생산수단인) 농사용 가축의 수는 그들이 실제로 얼마나 가난한지를 가장 잘 보여주는 지표다. 타우리다 주 세 개 군들에 있는 총 263,589마리의 농사용 가축들 중에서 이들 최하위 집단이 소유한 가축은 전체의 17퍼센트인 43,625마리로, 평균보다 2와 3분의 1배 더 적다.(117쪽) 가축을 아예 소유하고 있지 않은 가구의 비율에 관한 데이터는 위에서 제시된 바 있다(최하위 집단을 셋으로 세분화하면 각각 80퍼센트, 48퍼센트, 12퍼센트다). 이러한 데이터를 기초로 포스트니코프는 "가축을 전혀 소유하고 있지 않은 가구의 비율은 경작지가 없거나 가구당 10데샤티나 미만인 집단들 내에서만 상당히 높게 나타난다"(135쪽)는 결론에 이른다. 이 집단의 경작 면적은 가축의 수에 상응하는데, 이들은 (3개 군에서) 전체 962,933데샤티나의 경작지 중에서 146,114데샤티나, 즉 15퍼센트만을 경작하고 있다. 물론 빌린 토지를 추가할 경우 경작 면적은 174,496데샤티나로 증가하지만, 다른 집단들의 경작 면적도 최하위 집단보다 더 큰 비율로 증가하기 때문에 최하위 집단이 경작하는 면적은 전체의 12퍼센트에 불과하다는 결론이 나온다. 달리 말해, 인구의 8분의 3이 넘는 사람들이 경작하는 면적이 8분의 1밖에 안 된다는 것이다. 저자가 표준이라 여기는(즉 가족의 필요를 모두 충족시킬 수 있는) 기준이 중간 규모 경작자라는 점을 기억해볼 때, 평균보다 3과 3분의 1배 더 적은 면적을 경작하는 이 집단이 자신들의 정당한 몫을 얼마나 빼앗기고 있는지를 쉽게 알 수 있다.

이런 상황에서 이 집단의 농업이 아주 열악한 방식으로 이뤄지고 있는 건 지극히 당연한 일이다. 우리는 타우리다 소재 군 인구의 33~39퍼센트가──따라서 최하위 집단의 압도적인 다수가──땅을 갈 만한 농기구를 전혀 갖고 있지 못한 현실을 이미 들여다본 바 있다. 이렇게 농기구가 부족하다 보니 농민들은 어쩔 수 없이 땅을 포기하고 자신들의 분여지를 임대해줄 수밖에 없다. 포스트니코프는 그런 임대인들이(그들의 농장은 의심할 나위 없이 이미 완전히 황폐해진 상태다) 인구의 약 3분의 1, 다시 말해 가난한 집단의 상당수를 차지한다고 추산하고 있다. 말이 난 김에 이렇게 분여지들을 "팔아치우는"(농민들이 흔히 쓰는 표현을 빌리자면) 행위는 젬스트보 통계 곳곳에 반영되어 있고, 또 대규모로 행해지고 있다는 점을 주목할 필요가 있겠다. 이러한 사실에 주목해온 정기간행 학술지들은 이미 그에 대한 해결책을 어렵사리 내놓은 바 있는데, 바로 분여지를 양도할 수 없게 하자는 것이었다. 포스트니코프는 그런 조치들을 내놓는 사람들이 정부 당국의 결정이 지닌 힘을 관료적으로 맹신하고 있다며 그 조치의 효과에 대해 아주 지당한 의문을 제기하고 있다. 그는 "땅의 임대를 금지하는 것만으로 현재 농민 생활의 경제 구조상 아주 깊이 뿌리박혀 있는 문제를 제거할 수 없을 거라는 사실은 의심할 여지가 없다. 자신의 농장을 운영할 농기구나 수단이 전혀 없는 농민은 사실상 자신의 분여지를 활용할 수 없기에, 그럴 수 있는 위치에 있는 다른 농민들에게 분여지를 임대해줄 수밖에 없다. 땅의 임대를 직접적으로 금지하게 되면 농민은 그 땅을 남몰래 임대해줄 수밖에 없고, 그렇게 되면 통제가 불가능해질뿐더러 다른 선택지가 없는 그들이 현재보다 더 불리한 조건에 임대해줄 가능성이 아주 크다. 게다가 밀린 세금을 대신해 압류된 분여지들이 마을법원[24]을 통해 점점 더 임대될 것이고, 그런 상황은 가난한 농민에게 불리할 수밖에 없다"(140쪽)고 말한다.

이렇듯 가난한 집단의 구성원 전체에서는 경제적인 수준이 절대적으로 하락하는 현상이 목격되었다. 포스트니코프는 "최하위 집단에서는 가축을 빌려서 얼마 되지도 않은 땅을 경작하는 가구든 아무것도 경작하지 못하는 가구든, 경제적 상황에서는 그다지 큰 차이가 없다. 후자의 경우는 한 동네 사람들에게 자신의 땅 전체를 임대해주었고, 전자의 경우는 일부만을 임대해주었다는 차이가 있을 뿐인 것이다. 그러나 둘 다 모두 고향에서 계속 살며 한 동네 사람들에게 고용돼 **일꾼 역할**을 하거나 주로 농사일을 거드는 외부 일자리에 종사한다는 점에서는 공통적이다. 따라서 얼마 되지도 않은 땅을 경작하는 가구든 아무것도 경작하지 못하는 가구든 두 범주의 농민들은 하

24 1838년 법령에 따라 제정 러시아에서 국유지 농민들을 대상으로 창설한 특별법원으로, 러시아어로는 라스프라바라 불렸다. 마을의 연장자(의장)와 두 명의 선출된 농민들로 구성되었다. 중요도가 떨어지는 민사소송과 경범죄를 심리하는 1심 마을법원은 벌금을 부과하거나 중노동이나 태형을 선고하곤 했으며, 2심 마을법원은 읍(지역) 법원이 담당했다. 이들 법원은 1858년에 폐지되었으나, 라스프라바라는 명칭은 초급 마을법원들을 지칭하는 의미로 계속 사용되었다.─원서 편집자

나로 묶어서 검토해야 할 것이다. 농장 일에 사용할 가축이나 농기구가 없어 농장을 잃고 대부분 이미 몰락했거나 몰락하기 직전인 농민 계급에 속하는 이들로서 말이다"(135쪽)라고 말한다.

그는 계속하여 "농장도 없고 땅을 경작하지도 않는 가구들은 대부분 이미 몰락한 이들이고, 자신의 땅을 임대해주고 약간의 땅을 부쳐먹는 사람들은 장차 그렇게 될 후보군에 속한 사람들"이라고 자신의 주장을 이어나간다. "심각한 흉년이 들거나 불이 난다거나 말을 잃어버리는 등의 예기치 못한 곤경에 처할 때마다 그들 중 일부는 농장에서 날품을 파는 일꾼이나 농사를 짓지 못하는 농민의 부류로 내몰리게 된다. 이유가 무엇이든 농사에 필요한 가축을 잃어버린 가구는 몰락을 향한 첫걸음을 떼게 되는 것이다. 빌린 가축으로 땅을 일구는 경우에는 너무 불안정하고 체계성이 부족해 대개 작황이 떨어지게 된다. 그런 농민은 마을의 대부조합에서도 대출이 거부되고 동네 사람들에게도 돈을 꿀 수 없다"는 것이다. 그는 각주를 통해 "타우리다 소재 군들에는 국영은행으로부터 빌린 자금으로 운영되는 대부조합들이 큰 마을마다 우후죽순으로 들어서 있다. 그러나 그들로부터 돈을 빌릴 수 있는 건 부유하고 잘사는 농가들뿐"이라 덧붙인다. "만약 그가 대출을 받으려 하면, 보통 '번창한' 농민들보다 더 안 좋은 조건이 따라붙는다. '갚을 방법이 없는데 뭘 믿고 돈을 빌려주겠어?' 하는 식인 것이다. 그리고 빚을 지게 되면 첫 번째로 찾아오는 불행이 바로

자신의 땅을 빼앗긴다는 것이다. 특히 세금이 밀려 있다면 더 더욱 그렇다."(139쪽)

가난한 집단에 속한 농민들의 농업이 어느 정도까지 몰락했는지는 그들이 어떻게 자신의 농장을 운영하는지에 대한 물음에 저자가 답변할 시도조차 하지 않는다는 사실에서 가장 잘 드러난다. 그는 가구당 10데샤티나 미만을 경작하는 농장들의 경우에는 "농사 환경을 전혀 예측할 수 없기 때문에 어떠한 정해진 체계로도 설명할 수 없다"(278쪽)고 말한다.

그러나 방금 인용된 최하위 집단의 농업 특징에 관한 설명은 그들의 수가 상당함에도 불구하고 아직 여전히 허술하다. 틀림없이 긍정적인 특징이 있을 텐데도 오로지 부정적인 성격만 부각되고 있는 것이다. 이제까지 우리는 이 집단의 농민들을 독립적인 농사꾼으로 간주할 수 없다는 이야기만을 들어왔을 뿐이다. 그들의 농장이 완전히 쇠퇴해가고 있고, 경작 면적은 터무니없이 부족하며, 마구잡이로 유지되고 있다는 이유에서였다. 통계학자들은 바크무트 군을 설명하면서 "작물의 씨를 뿌릴 때 일정한 체계를 보여주는 건 종자가 궁하지 않은 번창하고 잘사는 농민들밖에 없다. 가난한 농민들은 손에 잡히는 대로 아무렇게나 아무데나 뿌린다"(278쪽)고 말한다. 그럼에도 불구하고 최하위 집단을 아우르는 이러한 농민 대중의 존재(타우리다 소재 3개 군에서 3만 가구와 남녀 합해 20만 명이 넘는)는 결코 우연일 수는 없다. 자신의 농장에서 생산한 결과물로 살아가지 않는다면, 과연 그들은 어떻게 삶을 영위하는 걸까? 주되게는 바로 자신의 노동력을 팔아서다. 앞서 우리는 이들 농민 집단이 농장 날품팔이와 외부에서의 벌이로 살아간다는 포스트니코프의 이야기를 들은 바 있다. 그러나 남부 러시아에는 수공업이 거의 존재하지 않는다는 점을 고려하면 그들의 수입은 대부분 농업, 즉 사실상 농장에 고용된 결과로 얻어지는 것임을 알 수 있다. 그렇다면 밑바닥 농민들 살림살이의 주요한 특징이 자신의 노동력을 파는 점이라는 사실을 보다 구체적으로 증명하기 위해, 젬스트보 통계에서 분류한 범주에 따라 이 집단을 면밀히 살펴보도록 하자. 먼저 농장을 소유하고 있지 않은 가구들의 경우에는 더 이상 덧붙일 필요가 없겠다. 그들은 그야말로 농장 노동자들일 뿐이다. 가구당 5데샤티나 미만(평균 3.5데샤티나)의 경작 면적을 가진 두 번째 범주의 경작자들은, 앞서 경작지를 농장 서비스, 사료, 식량, 상업 구역으로 나눈다고 했을 때 그 정도 크기의 경작 면적만으로는 턱없이 부족하다는 사실을 알 수 있다. 포스트니코프는 "가구당 5데샤티나 미만의 경작 면적을 보유한 첫 번째 집단은 시장이나 상업 구역이 전혀 없기 때문에 농장 노동자로 일하거나 다른 수단으로 얻는 외부 수입의 도움으로 겨우 생존할 수 있다"(319쪽)고 말한다. 그렇다면 마지막으로 가구당 5~10데샤티나의 경작 면적을 보유한 농민들이 남는다. 그들에 대한 질문은 이렇다. 이들에게 독립적인 농업과 이른바 "소득" 사이의 관계는 어떤 것일까? 이 질문에 대한 엄밀한 대답을 찾기 위해, 우리는 이 집단에 속한 농민들과 관련된 **전형적인** 농민 예산 몇 가지를 들여다봐야 할 것이다. 포스트니코프는 예산 데이터의 필요성과 중요성을 전적으로 인정하고 있지만, "그런 자료를 모으기가 극히 어렵고, 많은 경우 통계학자들의 권한을 벗어난다"(107쪽)고 지적한다. 그러나 우리는 그러한 견해에 동의하기가 아주 어렵다는 사실을 발견한다. 모스크바의 통계학자들은 몇 가지 아주 흥미롭고도 구체적인 예산 자료들을 수집해왔기 때문이다(『모스크바 주 통계 보고서』 중 Ⅵ권과 Ⅶ권의 경제통계 항목 참조). 그리고 저자 스스로도 지적하고 있듯이 보로네시 주의 몇 개 군들에서는 예산 자료를 심지어 가구 단위로 수집해왔다.

그럼에도 포스트니코프 자신이 제시하고 있는 예산 자료가 아주 불충분하다는 점은 너무나 애석한 일이다. 그는 독일에서 이민 온 농민 7명과 러시아 농민 단 한 명의 예산을 인용하고 있을 뿐이다. 게다가 그들은 모두 대규모 경작자들(가장 경작 규모가 작은 러시아 농민의 경우에도 39와 2분의 1데샤티나를 경작하고 있다)로서, 그 집단의 살림살이는 젬스트보 통계에 담긴 사실들로부터도 충분히 명확하게 알 수 있다. 포스트니코프는 "수많은 농민들의 예산을 수집하기 위해 돌아다녔지만 구할 수 없었다"고 스스로 유감의 뜻을 밝히면서, "이들 예산을 정확히 평가하는 것은 전체적으로 쉬운 일이 아니었다. 타우리다 사람들은 살림살이 정보를 제공하는 데 아주 협조적이었지만, 자신들의 수입과 지출이 정확히 얼마인지 스스로도 모르는 경우가 다반사였다. 농민들은 전체적인 지출 금액이나 가장 큰 수입과 지출 항목들을 아주 정확히 기억하고 있었으나, 세세한 금액들은 거의 어김없이 기억하지 못했다"(288쪽)고 말한다. 하지만 저자가 했던 것처럼 젬스트보 가구별 인구조사에서 이미 충분히 명확하게 해명된 경제적 상황에 대한 "약 90개의 서술과 하나의 평가"를 수집할 게 아니라, 설사 사소한 세부 내역들이 빠져 있더라도 몇 개나마 예산을 수집하는 편이 더 나았을 것이다.

예산이 빠진 상황에서 우리가 그 집단의 경제적 성격을 판단하기 위해 검토할 수 있는 데이터는 단 두 종류뿐이다. 첫째는 평균적으로 가족을 먹여 살리기 위해 필요한 포스트니코프의 가구당 경작 면적 추산이고, 둘째는 경작 면적을 네 구역으로 나눈 데이터와 지역 농민들의 (가구당 연간) 평균 현금 지출에 관한 데이터다.

한 가족의 식량과 종자, 그리고 사료를 충당하는 데 요구되는 경작 면적에 관한 구체적인 추산을 토대로, 포스트니코프는 다음과 같은 최종 결론에 다다른다.

"평균적인 가족 수를 거느린 농가가 보통의 복지 수준을 누리고 농사로만 살아가면서도 적자 없이 수입과 지출의 균형을 맞추려면, 평균 수확량을 고려할 때 가구당 6과 2분의 1명의 가족을 부양하기 위해 4데샤티나, 3마리의 농사용 말을 먹이기 위해 4와 2분의 1데샤티나, 종자를 들여오기 위해 1과 2분의 1데샤티나, 판매용 곡물 생산을 위해 6~8데샤티나, 이렇게 모두 합쳐 16~18데샤티나가 필요하다. …… 타우리다 주민들은 평균적으로 가구당 약 18데샤티나의 경작 면적을 가지고 있지만, 세 개 군 주민의 40퍼센트는 가구당 10데샤티나 미만을 보유하고 있다. 그럼에도 그들이 농사를 계속 지을 수 있다면, 그 이유는 오로지 외부에 고용되고 자신의 토지 일부를 임대해줌으로써 수입 중 일부를 충당하기 때문이다. 이들의 경제적 입지는 비정상적이고 불안정할 수밖에 없는데, 대다수의 경우 어려운 시기가 찾아왔을 때 그걸 헤쳐나갈 만큼의 예비 자금을 모아놓을 수 없기 때문이다."(272쪽)

조사 대상 집단에서는 가구당 평균 경작 면적이 요구 면적(17데샤티나)의 절반에도 못 미치는 8데샤티나에 불과하기 때문에, 우리는 이 집단에 속한 농민들이 자신들 수입의 가장 큰 부분을 "고용", 즉 자신의 노동을 팔아서 얻는다는 결론에 도달할 수 있다.

그리고 여기에 또 다른 계산법이 있다. 앞서 인용한 경작지 분할에 관한 포스트니코프의 데이터에 따르면, 8데샤티나의 경작 면적 중에서 0.48데샤티나는 종자를 위한 땅일 테고, 3데샤티나는 사료(이 집단에서는 가구당 3마리가 아니라 2마리의 농사용 가축을 보유하고 있다), 3.576데샤티나는 가족이 먹을 식량을 위한 땅(그 크기 역시 평균보다 아래인 약 5.5명분으로, 6.5명분에 못 미친다)에 해당될 것이다. 그래서 상업 구역으로 남는 면적은 1데샤티나 미만(0.944데샤티나)으로, 저자는 거기에서 벌어들이는 수입을 30루블로 추정한다. 그러나 타우리다 주민 한 사람이 필수적으로 지출하는 현금은 그보다 훨씬 더 많다. 저자는 농민들 스스로도 흔히 이런 식으로 계산하기 때문에 예산보다는 현금 지출 금액에 관한 정보를 수집하는 것이 훨씬 더 쉽다고 말한다. 이 계산법을 통해서는 다음과 같은 사실을 알 수 있다.

"평균적인 규모의 가족, 즉 일하는 남편과 아내, 4명의 어린 자녀들로 구성된 가족의 경우, 그들이 자신의 토지를 경작하고(대략 20데샤티나) 임차에 의존하지 않는다면 필수적인 현금 지출은 타우리다 사람들이 추산하듯이 연간 200~250루블에 달한다. 그리고 아무리 모든 걸 아낀다 하더라도 소가족이 지출해야 하는 최소한의 현금은 150~180루블이라 여겨진다. 연소득이 이 금액에 못 미치면 상당히 부족한 것으로 여겨져, 일하는 남편과 아내는 농장에서 먹고 자면서 일한 대가로 일 년에 120루블을 버는 대신 가축이나 농기구 따위를 유지하는 비용을 아끼는 방법을 택할 수 있다. 게다가 한 동네 사람들에게 땅을 임대해줘 '추가 소득'도 얻을 수 있다."(289쪽) 검토 대상인 집단이 평균 이하기 때문에, 우리는 평균이 아닌 최소한도의 현금 지출과 "고용"을 통해 얻어지는 금액의 최소치를 상정할 것이다. 이 계산법에 따르면, 검토 대상 집단의 농민은 스스로 농사를 지어서 총 117.5루블(30+87.5)[25]을 얻고, 자신의 노동력을 팔아서 120루블을 벌어들인다. 여기에서 볼 때 우리는 이 집단의 농민들이 독자적으로 농사를 짓는 것만으로는 최소한도 지출의 **절반 미만**을 충당할 수 있을 뿐이라는 사실을 알 수 있다.[26]

따라서 하위 집단의 모든 세부 그룹들의 경제적 특징을 검토해본 결과, 우리는 농민들 대다수가 작은 규모의 땅뙈기를 경작한다 할지라도 그들의 주된 생계 밑천은 자신들의 노

25 레닌 주 포스트니코프는 식량 구역에 해당하는 3과 2분의 1데샤티나의 땅에서 데샤티나당 25루블의 소출을 얻을 것(25×3.5=87.5)이라 계산했다.

26 레닌 주 1885년 《러시아 사상》 9호에서 유자코프(Yuzhakov) 선생이 내놓은 계산법("인민 토지소유권 할당량")은 이러한 결론을 전적으로 뒷받침해주고 있다. 그는 가구당 9데샤티나의 분여지가 식량 기준, 즉 타우리다 주의 최저 기준이라 여긴다. 그러나 유자코프 선생은 분여지가 오로지 곡물 식량과 세금만 충당해줄 뿐이라고 봤으며, 여타 지출은 외부에서 벌어들이는 수입으로 충당될 거라고 추정한다. 젬스트보 통계에서 제시된 예산에 따르면, 여타 지출이 전체의 절반 이상을 차지하는 걸로 나타난다. 한 예로 보로네시 주에서 농민 한 가구의 평균 지출은 현금으로 따져보았을 때 495.39루블이다. 이 중 109.10루블은 가축의 유지에 쓰이고 (유자코프는 가축의 유지가 경작지가 아닌 목초지와 그 밖의 땅에서 이뤄진다고 여기고 있다), 135.8루블은 채소 식량과 세금, 그리고 250.49루블은 의복, 농기구, 지대와 여러 가지 가족 필수품 등의 기타 경비(「오스트로고시스크 군 통계 보고서」에 나온 24개 예산)로 지출된다. 모스크바 주에서는 한 가구당 연간 평균 지출이 348.83루블로, 이 중 156.03루블은 곡물 식량과 세금, 192.80루블은 기타 경비로 지출된다(모스크바 통계학자들이 수집한 8개 예산의 평균).

동력을 팔아서 나온다는 결론에 이르게 된다. 이 집단의 농민들은 모두 독립적인 농민이라기보다는 고용된 노동자들인 것이다.

포스트니코프는 하위 집단 농민들의 이러한 경제적 특징에 대해서는 의문을 제기하지 않았고, 그들 자신이 직접 농사를 짓는 것과 외부 고용의 관계 역시도 해명하지 않았다. 그의 연구에서 이것은 커다란 결함이다. 그 결과 그는 하위 집단의 농민들이 그렇지 않아도 얼마 되지 않는 자신의 땅을 포기한 채 그걸 남에게 빌려주는 이상한 현상에 대해 얼핏 보기에도 제대로 된 설명을 하지 못하고 있다. 또한 그 바람에 하위 집단 농민들이 소유한 생산수단(즉 땅과 농기구)이 양적으로 평균치에 훨씬 못 미친다는 중요한 사실이 그들의 농업의 일반적인 특징과 연결되지 못하는 결과로 이어졌다. 우리가 봐왔던 것처럼 생산수단의 평균적인 수량이 가족의 필수적인 요구를 겨우 충족시킬 정도에 불과하기 때문에, 가난한 농민들은 자신들의 정당한 몫을 빼앗기고 있는 현실에서 출발해 다른 사람 소유의 생산수단에다 자신들의 노동력을 적용해야 하는, 즉 스스로를 팔아야 하는 상황에 필연적으로 이르게 된다.

이제 다음으로 두 번째 집단, 즉 마찬가지로 인구의 40퍼센트를 차지하는 중간 집단으로 눈을 돌려보자. 가구당 10~25데샤티나의 경작 면적을 가진 농민들이 여기에 해당된다. "중간"이라는 단어는 이 집단 구성원들에게 전적으로 적용될 수 있는 표현이지만, 그들의 생산수단이 평균에 다소 못 미친다는 의구심도 제기된다. 다시 말해 가구당 경작 면적은 전체 농민 평균인 17데샤티니보다 약간 작은 16.4데샤티나고, 가구당 보유 가축 역시 전체 평균인 7.6마리에 못 미치는 7.3마리(농사용 가축은 전체 평균 3.1마리보다 약간 많은 3.2마리다)이며, 가구당 총 경작지(분여지와 구입하거나 빌린 토지)도 군 평균인 20~21데샤티나에 미달하는 17~18데샤티나였던 것이다. 포스트니코프가 제시한 기준으로 가구당 경작 면적을 비교해보면, 이 집단이 자기 소유 토지에서 농사를 지어 생산하는 양은 겨우 생계를 유지할 정도에 불과하다.

이 모든 사실에 비춰볼 때, 이 집단의 농업이 가장 안정적이라고 생각할지도 모르겠다. 농사를 지어서 필요한 경비를 모두 충당하고, 이윤을 위해서가 아니라 오로지 기본적인 필요를 충족시키기 위해 일하기 때문이다. 하지만 사실은 정반대다. 이들 농민 집단의 농업을 자세히 들여다보면 상당한 불안정성을 발견하게 된다.

우선, 평균 16데샤티나의 경작 면적은 겉보기에는 충분해 보일 수 있다. 하지만 그 결과, 10~16데샤티나를 경작하는 농민들은 농사를 지어서 필요한 경비를 모두 충당할 수 없기에 어쩔 수 없이 외부 고용에 의존하지 않으면 안 된다. 앞서 인용한 포스트니코프의 대략적인 추산으로부터 우리는 이 집단이 2,846명의 노동력을 고용하는 반면, 그보다 543명 더 많은

3,389명의 노동력을 외부로 유출하고 있다는 사실을 알 수 있다. 따라서 이 집단에 속한 농가의 약 절반은 결핍에 시달릴 수밖에 없다.

게다가 이 집단의 가구당 농사용 가축의 수는 3.2마리인 반면, 앞서 살펴봤듯이 가축들이 한 조를 이루려면 모두 4마리가 필요하다. 그래서 이 집단의 농가들 중 상당수가 자신의 땅을 경작하기에는 보유한 가축이 부족해서 다른 농민들과의 협업(yoking)에 의존해야 한다. 마찬가지로 이 집단에 속한 요커들은 전체의 절반 가까이에 이른다. 이런 결론은 한 조를 이룬 가축을 보유한 가구의 비율 약 40퍼센트 가운데 20퍼센트는 부유한 상위 집단에 속하고 나머지 20퍼센트는 중간 집단에 속하기 때문에 중간 집단의 절반 가량은 한 조를 이룬 가축을 보유하고 있지 못하다는 사실로 이어진다. 포스트니코프는 이 집단에서 요커들의 정확한 숫자가 얼마인지는 제시하지 않고 있다. 그래서 젬스트보 통계 초록으로 눈길을 돌려보면 우리는 다음과 같은 데이터를 발견하게 된다.[27]

27 레닌 주 『메리토폴 군 통계 보고서』(『타우리다 주 보고서』, 1권, 부록), 심페로폴, 1885년, B195쪽. 『드네프르 군 통계 보고서』(『타우리다 주 보고서』, 2권), 심페로폴, 1886년, B123쪽.

	10~25대사티나 경작 집단 총계		보유 가축 이용		요깅 이용		빌린 가축 이용		기타 수단	
	가구 수	대사티나	가구 수	대사티나	가구 수	대사티나	가구 수	대사티나	가구 수	대사티나
메리토폴 군	13,789	226,389.21	4,218	79,776.55	9,201	141,483.26	321	4,405.8	49+	773.3
드네프르 군	8,234	137,343.75	4,029	71,125.2	9,835	61,159.05	320	4,352.5	50	707.25

경작지 분포
(대사티나)

82

    따라서 두 개 군의 중간 집단에서 자신의 가축을 동원해 자기 땅을 경작하는 농가는 소수일 뿐이다. 메리토폴 군에서는 가구의 3분의 1 미만, 드네프르 군에서는 절반 미만인 것이다. 그러므로 세 개 군을 다 합쳐 위에서 추산한 요커들의 숫자(절반)는 전혀 부풀려지지 않은 수치로, 오히려 너무 낮은 편에 속한다. 물론 농부가 자신의 가축으로 농사를 지을 수 없다는 것은 그 자체로 농업의 불안정성을 나타내주는 지표가 되기에 충분하다. 그 한 예로서 요킹 시스템에 대한 포스트니코프의 서술을 인용해보도록 하자. 불행히도 그는 이런 현상에 거의 주목하지 않았는데, 경제적으로나 생활 풍습의 관점에서 볼 때도 흥미로운 대목이 아닐 수 없다.

    "말 세 마리를 한 번에 같이 마구에다 채워 끄는 힘이 한 마리가 끄는 힘의 세 배가 되지는 않는다는 역학 법칙 덕분에 요킹을 기반으로 일하는 농민들의 표준적인 작업 면적은 (자신의 가축을 가지고 일하는 농민들보다) 더 낮다. 요크를 주선하는 사람들은 마을 건너편에 살 수도 있다(그들은 대개 친척들이다). 게다가 두 가구에 속한 땅뙈기의 수는(가끔 세 가구가 하나의 요크로 묶이기도 한다) 한 가구의 땅뙈기의 두 배다. 이 모두는 한 구역에서 다른 구역으로 이동하는 데 걸리는 시간을 증가시킨다." 각주에서는 이렇게 말하고 있다. "토지가 분할되면, 각 농가는 자신의 구성원들 몫으로 특정한 밭에서 서로 붙어 있는 땅을 받게 된다. 그러므로 소규모 농가는 그만큼 받는 땅이 적어지는 것이다. 타우리다 주에서의 요킹 상황은 아주 다양하다. 요커 중 한 사람이 조파기를 갖고 있으면 그는 추가로 쟁기로 갈아진 땅을 얻는다. 예를 들어 어떤 사람이 10데샤티나를 받는다면, 그 사람은 11데샤티나를 받는 식이다. 또는 조파기를 갖고 있지 못한 사람이 그걸 사용하는 동안에는 수리 비용을 모두 책임져야 하는 방식도 있다. 그와 비슷하게, 요크에 동원되는 가축의 수가 같지 않은 경우 추가로 쟁기질을 할 수 있는 날을 하루 더 부여받는 등의 방식도 있다. 카멘카 마을에서는 조파기를 소유한 사람이 봄철에 현금으로 3~6루블을 받는다. 일반적으로 요커들 사이의 다툼은 아주 빈번하다." "합의가 이뤄지는 데도 얼마간의 시간이 걸리고, 작업이 끝나기 전에 요커들이 떨어져나가는 경우도 발생할 수 있다. 간혹 요커들은 써레질에 동원할 말들이 충분치 못해, 파종 말의 마구를 풀러 그쪽에 데려다 써야 하는 경우도 있다. 어떤 말은 물을 먹이러 데려가고 나머지 말들이 써레질을 하기도 한다. 유즈쿠이 마을에서는 요커들이 종종 하루에 1데샤티나도 갈지 못한다는 이야기를 들었는데, 이는 정상 속도의 절반에 불과하다."(233쪽)

가축이 부족할 뿐만 아니라 농기구가 부족한 문제도 있다. 서로 다른 집단별로 가구당 농기구의 숫자를 나타낸 앞의 표를 통해 우리는 모든 군의 중간 집단에서 가구당 쟁기질에 쓸 농기구를 적어도 하나씩은 가지고 있다는 사실을 알 수 있다. 하지만 실상 그 집단 내에서조차 농기구의 분포는 전혀 균등하지 않다. 안타깝게도 포스트니코프는 이 주제에 대한 데이터는 전혀 제시하지 않고 있어, 어쩔 수 없이 젬스트보 초록을 들여다보지 않을 수 없겠다. 드네프르 군에서는 8,227가구 중 1,808가구가 쟁기질 도구를 전혀 보유하고 있지 않았고, 농기구를 제대로 갖추지 못한 가구가 전체의 21.9퍼센트에 달했다. 메리토폴 군에서는 13,789가구 중 2,954가구가 그러했고, 역시 농기구를 제대로 갖추지 못한 가구의 비율은 21.4퍼센트였다. 쟁기질에 쓸 도구를 전혀 보유하고 있지 않은 농가들은 경제적 상황에 있어 하위 집단에 근접하고, 하나 이상의 도구를 가진 농가들은 상위 집단에 가까워진다는 사실에는 전혀 의심할 여지가 있을 수 없다. 쟁기를 갖고 있지 않은 농가의 수는 드네프르 군에서 32.5퍼센트, 메리토폴에서 65.5퍼센트로 훨씬 더 높다. 마지막으로, 이 집단의 농민들이 보유한 수확기계 (손으로 수확할 노동력이 부족하고 기다란 면적 체계[28] 때문에 곡식을 처리하는 데 몇 달이 걸리기도 하는 남부 러시아 농업에서는 아주 중요한 부분이다)의 수는 턱없이 부족해서, 드네프르 군에는 수확기계가 20대(400가구당 1대), 메리토폴 군에는 178.5대(700가구당 1대)에 불과했다.

---

28 농민의 분여지가 마을 양쪽으로 좁고 길게 뻗어 있는 체계를 말한다. 그 중에서는 양방향으로 길이가 15~20마일에 이르는 것도 있었다. 이러한 체계는 각 마을마다 수백여 개의 농가들을 아우르는 큰 마을들이 형성된 러시아 남부와 동부 스텝 지대에서 흔히 볼 수 있다.─원서 편집자

포스트니코프는 이 집단의 전반적인 농업 시스템에 대해 다음과 같이 설명하고 있다.

"농사용 가축을 네 마리 미만으로 보유한 가구들은 자신의 밭에 씨를 뿌리고 경작하기 위해 어김없이 요크를 한다. 이 범주의 농가들은 일하는 구성원이 두 명 아니면 한 명이다. 그런 농민들의 작업 능력이 상대적으로 낮은 이유는 농장의 규모가 작고 농기구가 부족한데다 요크 시스템이 있기 때문이다. 요커들은 대부분 날이 세 개 달린 작은 조파기를 쓰기 때문에 작업 속도도 더 느리다. 그런 농민들이 이웃들로부터 기계를 빌려서 추수를 하려면, 이웃들이 먼저 자신의 작물을 베고 난 후에야 가능하다. 손으로 추수하는 건 시간이 더 오래 걸릴 뿐만 아니라 어떤 경우에는 날품팔이 인력을 고용해야 하고 비용도 더 많이 든다. 일손이 하나밖에 없는 농민들은 집안에 급한 일이 생기거나 사회적 의무를 수행해야 하는 경우에는 일에 지장을 받기도 한다. 그런 농민들이 멀리 떨어진 밭에 일하러 나갈 경우에는 쟁기질과 파종이 끝날 때까지 한 주 내내 밭에 머물러야 하는데, 집에 있는 가족들의 안부를 확인하러 마을에 자주 오가다 보면 또 그만큼 작업이 지체된다."(278쪽) 타우리다 주 세 개 군 전체에서 서로 다른 집단별로 가족당 일하는 구성원들의 수를 나타내주는 포스트니코프의 다음의 표(143쪽)를 통해 알 수 있듯이, 그렇게 가족 중에서 일손이 하나밖에 없는 농민들은 검토 대상 집단에서 다수를 차지한다.

	100가구당			
	남성 노동력 없음	1명	2명	3명 이상
무경작	19	67	11	3
5데샤티나 미만	9	77.6	11.7	1.7
5~10데샤티나	4.2	74.8	17.7	3.3
10~25데샤티나	1.7	59	29	10.3
25~50데샤티나	1.2	40	35.7	23.1
50데샤티나 이상	0.9	25	34.3	39.8
평균	4.3	60.6	24.6	10.5

이 표를 통해 우리는 중간 집단 농가들의 5분의 3 가량이 가족 중 일하는 구성원이 한 명이거나 전혀 없다는 사실을 알 수 있다.[29]

중간 집단과 상위 집단 간의 관계 및 그들 농장의 전체적인 안정성을 입증하기 위해 농민들의 처분에 맡겨진 모든 토지, 그 중에서도 특히 경작 면적[30]이 집단들 사이에서 어떻게 분포돼 있는지를 보여주는 『드네프르 군 통계 보고서』의 데이터를 인용해보도록 하자. 거기서 우리는 다음과 같은 표를 발견한다.

---

29 레닌주 대가족 농가들(즉 일손을 많이 보유한 농가들)이 일손이 하나 밖에 없는 농가들에 비해 상당한 이점을 누리고 있다는 자신의 견해를 뒷받침하기 위해 포스트니코프는 트리로고프의 유명한 저서인 『마을 공동체와 농민세』를 인용하고 있다.

농민 집단	전체 가구 중 비율 (%)	분여지		구매 토지		임차지		대여지	사용 중인 전체 토지		파종 면적	
		대샤티나	%	대샤티나	%	대샤티나	%		대샤티나	%	대샤티나	%
가난한 집단	39.9	56,444.95	25.5	2,003.25	6	7,838.75	6	21,551.25	44,735.7	12.4	38,439.25	11
중간 집단	41.7	102,793.7	46.5	5,376	16	48,397.75	35	8,311	148,256.45	41.2	137,343.75	43
부유한 집단	18.4	61,844.25	28	26,530.75	78	81,645.95	59	3,039.25	166,981.7	46.4	150,614.45	46
합계	100	221,082.9	100	33,910	100	137,882.45	100	32,901.5	359,973.85	100	326,397.45	100

이 표는 중간 집단이 전체 가운데 46.5퍼센트로 다른 집단들보다 경작 가능한 분여지를 더 많이 소유하고 있다는 사실을 나타내준다. 농민들은 자신들의 분여지가 불충분해 어쩔 수 없이 임차에 의존할 수밖에 없고, 그 결과 그들이 경작하는 면적은 대체로 50퍼센트 이상 증가했다. 중간 집단이 관리하는 토지의 양도 절대적으로는 증가했지만, 상대적으로 보면 전체 면적의 41.2퍼센트와 경작 면적의 43퍼센트로 감소했다. 물론 맨 윗자리는 상위 집단의 차지였다. 따라서 하위 집단뿐만 아니라 중간 집단 역시 상위 집단이 자신들의 땅을 빼앗아간다는 직접적인 압박을 느끼고 있다.

이런 모든 설명들을 통해 우리는 중간 집단의 경제 상황을 다음과 같이 서술할 수 있겠다. 이 집단은 스스로 경작하는 땅에서 거둬들인 수익으로만 살아가는 농민들로 구성되어 있다. 그 땅의 면적은 지역 농민 전체가 경작하는 평균 면적과 거의 동일하고(또는 다소 작고), 가족의 필수적인 요구를 거의 충족시키지 못한다. 가축과 농기구가 부족하고 그 분배도 불공평해 이 집단의 농업은 불안정하고 위태로울 수밖에 없고, 특히 하위 집단과 중간 집단을 쥐어짜는 상위 집단의 위협적인 경향

---

30 레닌 주 데이터는 읍 단위로 인정되지 않는 마을들을 포함해 드네프르 군 전체에 관한 것이다. 세로줄 "전체 활용 토지"에 나오는 수치들은 분여지와 임차 토지, 구입 토지의 양을 합산하고 거기에서 임대 토지를 빼는 방식으로 내가 직접 계산했다. 드네프르 군을 선택한 이유는, 그 곳에 거주하는 주민들이 거의 다 러시아인들이기 때문이다.

을 지켜볼 때 더욱 그렇다.

이제 부유한 농민층을 구성하는 상위 집단에 대해 살펴보도록 하자. 타우리다 소재 군들에서 이들은 인구의 5분의 1을 차지하며, 가구당 25데샤티나 이상의 경작 면적을 보유하고 있다. 이 집단이 농사용 가축과 농기구, 분여지 및 그 외 토지에 있어서 다른 집단보다 실제로 어느 정도나 더 부유한지에 관한 사실관계들은 이미 앞에서 충분히 인용된 바 있다. 그리고 이 집단의 농민들이 중간 집단 농민들보다 얼마나 더 잘사는지를 보여주려면 작물 면적에 관한 다음의 데이터만 인용해도 충분하다. 드네프르 군에서 부유한 집단은 가구당 41.3데샤티나의 경작 면적을 보유한 반면, 군 평균은 17.8데샤티나로 절반에도 못 미친다. 일반적으로 말해——대규모 경작자들이 훨씬 더 번창한——이러한 양상은 포스트니코프가 충분히 제기한 바 있지만, 실제로 그는 훨씬 더 중요한 또 다른 질문에는 사실상 아무런 관심도 기울이지 않았다. 지역의 전체 농업 생산에서 이 집단의 농업이 어떤 역할을 차지하고 있고, 상위 집단의 번영을 위해 다른 집단들이 얼마나 큰 대가를 치르고 있느냐 하는 질문이 바로 그것이다.

사실 이 집단은 수적으로는 아주 적은 수다. 남부에서 가장 잘사는 지역인 타우리다 주에서 이들은 인구의 단 20퍼센트밖에 되지 않는다. 그러므로 그들이 지역 경제 전반에 미치는 중요성은 상대적으로 크지 않다고 생각할지도 모르겠다.[31] 하지만 실제로는 정반대의 사실을 발견하게 된다. 이들 잘사는 소수가 전체 농산물 생산에 있어 압도적인 위치를 차지하고 있는 것이다. 타우리다 소재 3개 군에 있는 총 1,439,267데샤티나의 경작 면적 중에서 절반이 넘는 724,678데샤티나가 부유한 농민들의 수중에 있다. 물론 이 수치는 상위 집단이 얼마나 득세하고 있는지를 정확히 표현한 것과는 거리가 멀다. 앞서 인용한 포스트니코프의 서술에서도 나타나듯이, 적절한 방식으로 농장을 꾸려가지 못하는 가난한 농민들과 중간층 농민들보다 잘사는 농민들이 훨씬 더 많은 수확량을 기록하고 있기 때문이다.

따라서 주된 곡물 생산자들은 바로 상위 집단 농민들이며, 그래서 (극히 중요하지만 종종 무시되는 사실인데) 농업에 대한 모든 다양한 설명과 농업 개선에 관한 담론 따위는 주로, 그리고 대부분(심지어 가끔은 오로지) 잘사는 소수와 연관되는 이야기들이다. 한 예로, 개량된 농기구의 분포에 관한 데이터를 예로 들어보자.

포스트니코프는 타우리다 농민들의 농기구에 대해 다음과 같이 이야기한다.

---

31 레닌 주 슬로님스키(Slonimsky)가 바로 이런 실수를 저지른 경우 중 하나다. 그는 포스트니코프의 저서에 관한 글에서 이렇게 말한다. "부유한 농민 집단은 빈민 대중 속에서 사라졌고, 일부 지역에서는 전혀 존재하지 않는 걸로 보인다."

"그들이 가진 농기구는 거의 예외 없이 독일 이민자들의 것들과 동일하지만, 다양성이 떨어지고 간혹 질도 낮아서 가격이 더 싸다. 한 군데 예외는 드네프르 군에서 인구밀도가 높지 않은 남서부 지역으로, 이곳에서는 원시적인 소러시아 농기구들과 무거운 나무 쟁기, 그리고 나무 끝에 철을 두른 조파기가 여전히 널리 쓰인다. 나머지 타우리다 소재 군들에서는 농민들이 철로 만든 개량형 쟁기를 사용하는 모습을 어디에서나 볼 수 있다. 철제 쟁기와 나란히, 조파기가 농민들이 사용하는 유일한 쟁기도구로서 땅을 경작하는 데 있어 아주 중요한 역할을 하는 모습도 쉽게 눈에 띈다. 그러나 대부분의 경우 조파기는 철제 쟁기와 나란히 사용된다. …… 써레는 어디서든 철제 갈퀴가 달린 나무로 만들어져 있고, 말 두 마리가 끄는 10피트짜리 써레와 한 마리가 끄는 7피트짜리 두 종류가 있다. …… 조파기는 날이 3개, 4개, 5개 달린 도구다. …… 조파기 앞에는 종종 작은 파종기가 달려 있고, 바퀴로 굴러간다. 파종기는 조파기가 이랑을 채우는 동안 씨앗을 심는다. 흔히 볼 수 있는 건 아니지만, 땅을 일굴 때 농민들이 사용하는 농기구 중에는 씨앗을 파종한 뒤 땅을 고르는 목제 굴림대도 있다. 수확기계는 특히 최근 10년간 농민들 사이에 널리 보급된 농기구다. 잘사는 마을에서는 거의 절반에 이르는 농가들이 이걸 소유하고 있다. …… 풀 베는 기계는 농민들 사이에서 수확기보다는 훨씬 덜 보급되어 있다. …… 말이 끄는 써레와 탈곡기도 마찬가지로 드물다. 키질 하는 기계인 풍구의 사용은 보편화돼 있다. …… 물건을 운반할 목적으로는 독일식 사륜마차와 마자라[32]가 사용된다. 이 수레들은 이제 상당수 러시아 마을에서 만들어지고 있다. …… 탈곡을 할 때 돌로 된 날을 갖춘 다양한 크기의 굴림대들을 사용하는 것도 보편화되어 있다.(213~5쪽)

이런 농기구들이 어떻게 분포되어 있는지를 알기 위해서는 젬스트보 통계 초록을 살펴보아야 할 것이다. 물론 타우리다 통계학자들은 쟁기와 조파기, 수확기, 운송수단들(마차와 마자라)만을 기록하고 있기 때문에 거기에 나온 데이터가 완전히 정확한 것은 아니다. 어쨌든 메리토폴과 드네프르 군의 데이터를 합쳐보면 총 46,522개의 쟁기 중에서 상위 집단 경작자들이 소유한 개수는 42.9퍼센트인 19,987개다. 그리고 마차는 59,478대 중 23,747대로 39.9퍼센트, 수확기는 3,061대 중 2,841대로 92.8퍼센트다.

이미 인용된 데이터만 보더라도, 상위 집단 농민들의 노동 생산성이 하위와 중간 집단보다 상당히 높은 편이다. 그렇다면 이제 대규모 경작자들의 구체적인 경제적 특징을 결정해주는 기술의 특성이 무엇인지를 살펴보도록 하자. 이에 대해 포스트니코프는 다음과 같이 말하고 있다.

32 양옆에 가벼운 막대기 틀이 달린 길고 묵직한 농장용 수레.—원서 편집자

"농업의 시스템과 성격을 결정짓는 건 주로 농민들이 소유하고 이용하는 토지의 규모다. 불행히도 서로에 대한 의존도에 관해서는 여태껏 연구가 제대로 이뤄지지 않았다. 농민 농업을 조사하는 사람들이 시골의 모든 집단의 주민들이 똑같은 유형을 나타내고 있다는 생각을 심심찮게 품어왔기 때문이다. 농사 시스템 문제는 일단 제쳐두고, 나는 타우리다 소재 군들을 방문하면서 확인할 수 있었던 서로 다른 농민 집단 간의 농사 기술의 특성들을 간략하게 요약하는 데 노력을 기울일 것이다."

"요크에 의존하지 않고 자신이 소유하고 있는 가축으로 작업을 하는 농가들은 네댓 마리 이상의 농사용 가축을 보유하고 있다.[33] 하지만 그들의 경제적 상황은 아주 다양하다. 날이 네 개 달린 조파기는 한 조에 네 마리의 가축이 필요하고, 다섯 개 달린 농기구는 다섯 마리가 필요하다. 쟁기질을 할 때는 그 뒤에서 써레질을 같이 해줘야 하는데, 여분의 말이 없는 농민은 쟁기질을 하면서 바로 써레질을 할 수가 없고 쟁기질을 다 마친 후에야 그게 가능하다. 이는 이미 미세하게 말라버린 흙이 씨앗을 덮어버려 발아에 불리한 환경이 조성된다는 걸 의미한다. 만약 마을에서 멀리 떨어진 곳에서 쟁기질을 하려면 물과 사료를 실어 날라야 하고, 역시 여분의 말이 없는 경

---

33   레닌주 부유한 집단의 농민들은 가구당 6~10마리의 농사용 가축을 소유하고 있다.

우에는 작업이 지체된다. 이렇게 작업용 가축을 완전히 갖추지 못하면 언제나 시간을 손해 보고 파종이 늦어지는 결과가 빚어지는 것이다. 다수의 농사용 가축과 여러 날을 갖춘 파종기가 있다면, 농민들은 밭을 더 빨리 갈 수 있게 돼 가장 유리한 날씨를 활용할 수 있고 씨앗이 촉촉한 흙으로 덮일 수 있게 할 수 있다. 따라서 봄 파종 시 기술상의 이점을 가진 사람들은 다름 아닌 예닐곱 마리의 농사용 가축을 '제대로 갖춘' 농민인 것이다. 일곱 마리의 말이 있으면 다섯 개의 날이 있는 조파기와 두 개의 써레를 동시에 활용할 수 있다. 그렇게만 된다면 '쉬지 않고 작업을 할 수 있다'고 농민들은 말한다."

"추수 직후가 되면 농민들의 형편 차이가 훨씬 더 중요해진다. 특히 풍년이 들수록 농장에는 최대한도의 노동력이 요구된다. 여섯 마리의 농사용 가축을 보유한 농민은 곡식을 쌓아둘 필요 없이 실어 나르는 대로 바로 탈곡할 수 있기에, 당연히 시간과 인력을 절약할 수 있다."(277쪽)

대규모 경작자의 살림살이에 대한 설명을 완성하기 위해서는 이들 경작자 집단의 농업이 포스트니코프의 표현대로 "상업적인" 사업이라는 점도 언급하지 않을 수 없다. 앞서 제시한 상업 부문의 크기를 나타내는 데이터는 저자의 서술이 옳다는 걸 완벽하게 증명하고 있는데, 경작 면적이 클수록 시장에 내다팔 농산물을 생산하는 상업 부문의 비중이 더 커졌기 때문이다. 25~50데샤티나의 경작 면적을 가진 농장은 전체 면적 가운데 52퍼센트가 상업 구역이고, 50데샤티나가 넘는 농장은 상업 구역의 비율이 61퍼센트에 달했다. 여기에다 근거를 하나 더 제시하자면, 현금으로 벌어들이는 수입을 들 수 있겠다. 잘사는 집단에서는 그 중 가장 적은 수입을 벌어들이는 농가——가구당 574루블——도 필수적인 현금 지출(200~250루블)보다 현금 수입이 두 배 이상 더 많았고, 따라서 농장을 늘리거나 개량하는 데 필요한 잉여 자금을 축적할 수 있었다. "가구당 경작 면적이 50데샤티나가 넘는 더욱더 부유한 농민들의 경우에는 축산업의 한 분야인 털 굵은 양의 번식조차도 시장 지향적인 성격을 띠고 있다"(188쪽)고 포스트니코프는 설명한다.

이제 포스트니코프가 충분히 다루지 않았던(사실상 아예 건드리지 않았던) 또 다른 질문으로 넘어가보자. 그것은 바로 소수 농민들의 경제적 성공이 다수에게 어떤 영향을 미쳤는가 하는 질문이다. 의심할 나위 없이 그 영향은 완전히 부정적인 것이었다. 앞서 인용된 데이터(특히 토지 임차에 관한 데이터)는 이를 충분히 입증하고 있는데, 그래서 여기서는 단순히 요약해보는 정도로만 다뤄보겠다. 타우리다 주 세 개 군에서 농민들은 (미분여지와 분여지를 합쳐) 총 476,334데샤티나의 토지를 빌렸는데, 그 중 5분의 3(63퍼센트) 이상인 298,727데샤티나가 부유한 집단에게 돌아갔다. 반면 가난한 집단의 몫으로 돌아간 건 단 6퍼센트에 불과했고, 중간 집단의 몫은 31퍼센트였다. 여기서 임대된 토지를 가장——유일하지는 않을지라도——절실히 필요로 하는 이들이 다름 아닌 하위 두 집단이라는 사실을 명심한다면(앞서 제시된 드네프르 군에서의 농민 집단별 토지 분포에 관한 데이터에서는 상위 집단의 경우 분여지만으로도 "보통" 규모의 파종 면적으로 거의 충분하다는 사실을 보여준다), 부유한 농민들의 경작지가 상업적으로 확대되면서 그들이 토지 부족으로 얼마나 고통받아야 하는지가 명확해질 것이다.[34]

앞서 분여지의 임대 분포에 관한 데이터가 제시된 바 있는데, 이를 통해 정확히 동일한 결론에 도달할 수 있다. 서로 다른 농민 집단들에게 있어 분여지의 임대차가 지니는 중요성을 설명하기 위해, 포스트니코프의 책 Ⅳ장에 나와 있는 이러한 임대차 유형에 관한 서술을 인용해보도록 하겠다. 거기서 그는 이렇게 말한다.

"분여지는 이제 남부 러시아 농민들 사이에서 광범위한 투기의 대상이다. 토지는 차용증에 대출을 위한 보증으로 사용되고, 타우리다 농민들 사이에 그런 차용증들은 아주 널리 돌아다니고 있으며, 토지에서 얻는 수익금은 채무가 해결될 때까지 대출업자에게 돌아간다. 그런 토지는 1~2년 또는 그보다

---

34 레닌주 포스트니코프는 "독일 이민자가 지역 농민을 강하게 압박해 …… 그가 빌리거나 매입할 수도 있었을 인근 토지를 그에게서 빼앗아가고 있다"(292쪽)고 말한다. 이 점에 있어서 러시아의 부유한 농민층은 자신들의 가난한 동포보다는 독일 이민자 쪽에 더 가까웠던 것이 확실하다.

더 긴 8~11년 동안 임대되거나 '팔려간다.' 그리고 분여지를 그렇게 임대할 때는 읍이나 마을 관공서에 공식적으로 등록해야 한다. 일요일이나 공휴일이면, 나는 큰 마을들마다 많은 수의 군중들이 생기 넘치는 모습으로 관공서 앞에 서 있는 모습을 목격하곤 했다. 그래서 사람들이 모여 있는 이유를 물어보면, 돌아오는 대답은 다과가 차려진 가운데 분여지들이 '팔려가고', 그런 '매각 사실'이 마을 당국의 장부에 기록되는 중이라는 것이었다. …… 분여지의 '매각'은 각 가구마다 등재된 사람 수에 따라 토지가 분할되고 근본적인 토지 재분배가 이뤄지지 않는 마을과, 가구당 실제 구성원 숫자에 따라 토지가 분할되고 정기적인 토지 재분배가 이뤄지는 마을 모두에서 행해지고 있다. 그러나 후자의 경우에서만 보통 거래가 다음 재분배 날짜 전까지 짧은 기간 동안 이뤄지고 있으며, 이들 마을에서 재분배 날짜는 최근 대부분 지역사회의 토지 재분배 결정에 따라 미리 정해져왔다. 근래 남부 러시아 마을들에서의 이러한 분여지 거래는 이곳, 특히 타우리다 군들에서 수적으로 아주 많은 부분을 차지하는 부유한 지역 농민들의 사활이 걸린 이해관계와 밀접한 관계를 맺고 있다. 여담이지만, 이는 부유한 타우리다 농민들이 막대한 면적의 토지를 경작하게 된 주된 배경 중의 하나이며, 그들에게 상당한 경제적 이점을 안겨주었다. 최근 부유한 농민들이 대부분 값싸고 게다가 근처에 위치해 있는 토지의 임차를 가로막을지도 모를 그 어떤 생

활상의 변화에 대해서도 아주 민감하게 반응하는 이유도 바로 이 때문이다.”(140쪽)

그는 계속 말을 이어, 메리토폴 군 농정위원회[35]가 분여지를 임대하는 각각의 사례마다 마을 의회의 승인을 받을 것을 요구한 사실과 농민들이 이 명령에 대해 불편한 기색을 내비친 사실, 그리고 “그 명령이 가져온 유일한 효과는 토지 거래 내역들이 아마도 비공식적으로는 여전히 기록되고 있음에도 불구하고 마을법원에서 완전히 사라진 것뿐”(140쪽)이라는 이야기를 꺼내고 있다.

한편 부유한 농민들은 막대한 규모의 토지를 임차했음에도 불구하고 사실상 토지를 구매하는 유일한 사람들이기도 했다. 드네프르 군에서 그들은 전체 매각 토지의 78퍼센트를 사들였고, 메리토폴 군에서는 총 48,099데샤티나의 매각 토지 중 88퍼센트에 해당하는 42,737데샤티나를 구매했다.

마지막으로, 신용을 활용할 수 있는 유일한 사람들도 이 집단 농민들이었다. 남부의 마을 대부조합에 관해 이미 인용된 저자의 서술을 보충하는 의미에서, 그들에 대한 다음의 묘사를 인용해보도록 하겠다.

---

35 제정 러시아에서 마을과 읍의 ‘농민 행정’ 기관들을 감독하기 위해 1874년에 설립된 위원회는 군내 귀족 집행관들의 지휘 아래 경찰서장, 치안판사, 군 지방자치 이사회 의장단으로 구성되었으며, 주지사가 이끄는 주 이사회 산하에 속해 있었다.—원서 편집자

"오늘날 나라 이곳저곳에 세워진——특히 타우리다 주 마을들에 무수히 많이 들어선——마을 대부조합들은 주로 부유한 농민들을 지원하고 있고, 또 대부분 그렇다고 인식된다. 나는 대부조합들이 운영되고 있는 타우리다 주 마을들에서 농민들이 간혹 이렇게 말하는 걸 들었다. '아, 드디어 우리가 유대인들을 몰아내고야 말았어요!' 그러나 그렇게 말하는 사람들은 죄다 부유한 농민들이었다. 경제적으로 취약한 농민들은 보증인을 구할 수가 없어 대출을 받지 못한다."(368쪽) 이와 같은 신용 독점 현상이 놀라울 것은 전혀 없다. 신용 거래는 구매할 때의 대금 지불을 연기한 것에 불과하다. 그래서 지불 수단을 가진 사람들만이 대금을 치를 수 있고, 남부 러시아 농민들 중에 그럴 수 있는 사람들은 잘사는 소수밖에는 없다.

생산 활동의 과실을 따먹는 데 있어서 여타의 모든 집단들을 다 합친 것보다 더 많은 과실을 가져가는 이 집단의 경제적 상황에 대한 서술을 마무리하기 위해, 그들이 임금노동력에 "상당한 수준으로" 의존하고 있고, 그러한 노동력을 공급해주는 건 필연적으로 하층 집단 구성원들이라는 사실만을 기억하기 바란다. 이 점에 관해 농업에 고용된 임금노동자의 수가 정확히 얼마인지를 계산하는 것은 너무나 어려운 문제라는 점을 언급하지 않을 수 없는데, 젬스트보 통계도 아직까지 그 난제를 극복하지는 못한 것으로 보인다. 농업에서는 일 년 내내 노동력이 항상 꾸준히 필요한 게 아니라 특정한 계절에만 그 수요가 늘어나기 때문에, 상시적으로 고용된 노동자들을 신고 받는다 하더라도 임금노동자들의 착취 수준을 확인하는 건 결코 불가능하며, 계절 노동자들(흔히 일용직 노동자들)의 숫자를 계산하는 것도 굉장히 어렵다. 각 집단별 임금노동자들의 수를 대충이나마 추산하기 위해 포스트니코프는 부유한 집단의 노동 기준을 노동력이 있는 가족 한 사람당 15데샤티나로 설정하고 있다.[36] 그리고 포스트니코프가 경작 면적의 실제 규모를 구체적으로 검토한 그의 책 Ⅶ장을 통해 우리는 오직 기계로 수확이 이뤄질 때에만 이러한 기준이 달성될 수 있다는 사실을 알고 있다. 그러나 수확기계의 수는 부유한 집단에서조차 그다지 많지 않으므로——예를 들어 드네프르 군에서는 열 가구당 하나 꼴이다——기계 소유주들이 자신의 수확 일을 끝낸 다음에 기계를 대여해준다는 저자의 주장을 기억한다 할지라도 농민들 대다수는 기계 없이 농사를 지을 수밖에 없고, 따라서 일용직 노동자들을 고용할 수밖에 없다는 사실을 발견하게 된다. 그러므로 상위 집단에서의 임금노동자 고용은 저자가 추산한 것보다 규모가 더 클 수밖에 없고, 이 집단 농민들이 벌어들이는 많은 화폐 수입은 주로(전부는 아닐지라도) 정치경제

---

36 레닌 주 이 경우 노동력이 있는 구성원 1.8~2.3명이 27~34.5데샤티나를 경작한다는 계산이 나온다. 그러나 알다시피 부유한 집단의 농민들은 34.5~74.5데샤티나를 경작한다. 따라서 농장의 규모가 가족의 노동 기준을 훨씬 초과한다는 점이 이 집단의 일반적인 특징이다.

학에서 이야기하는 자본소득이라 할 수 있다.

세 번째 집단에 관한 설명을 요약해보면, 우리는 다음과 같은 결론에 다다르게 된다. 평균적인 수량의 생산수단보다 상당 수준을 더 보유했기에 그만큼 노동생산성이 더 높은 부유층 농민들은 지역에서 농업 생산의 주축이며 나머지 집단들에 비해 우위를 점하고 있다. 이 집단의 농업은 상업적인 성격을 띠며, 대부분 임금노동자의 착취에 기반을 두고 있다.

이렇게 우리는 남부 러시아의 농민 농업에 관한 포스트니코프의 책에 담겨 있는 자료들을 체계화함으로써 이 지역의 세 주민 집단들의 경제적 상황에 있어서의 정치경제학적인 차이를 간략히 살펴보았다. 나의 견해로는 농민들을 이렇게 집단별로 나누지 않고서는 농민 농업에 관한 연구가 (정치경제학적 관점에서 볼 때) 전혀 불가능하다는 것을 이번 연구가 증명해주고 있다고 본다. 이미 지적했던 바와 같이 포스트니코프도 이 사실을 인식하고 있으며, 그래서 그런 시도를 하지 않은 젬스트보 통계학자들을 책망하기까지 했다. 풍부한 통계들이 주어졌음에도 불구하고 그들이 내놓은 개요들이 "불명확"하며, "그들은 나무만 보고 숲을 보지 않는다"(XII쪽)는 것이다. 그러나 포스트니코프는 젬스트보 통계학자들을 비난할 자격이 없다. 그 스스로가 농민들을 "명확"한 집단으로 체계적으로 분류하지 않았기 때문이다. 그럼에도 그의 지적이 옳다는 사실은 다시 말할 필요가 없다. 다양한 농가들 사이에 양적으로뿐만 아니라 질적으로도[37] 차이가 있다는 사실을 받아들인다면, "부유함의 정도"가 아닌 그들 농업의 사회적·경제적인 성격에 따라 농민들을 집단별로 나누는 것은 절대적으로 필수적이다. 따라서 머지않아 젬스트보 통계학자들도 그런 시도를 해주기를 희망하는 것은 지극히 정당한 바람인 것이다.

---

[37] 레닌 주 농업의 성격, 자신들의 필요를 충조기키기 위한 것이냐, 상업적 농업이냐에 따른 노동 착취의 성격, 주요한 생계수단으로서의 노동력의 판매냐, 가족의 작업 능력을 넘어 경작지를 확대함으로써 생겨나는 필연적인 결과로서의 노동력의 구입이냐 등.

V

포스트니코프는 농민들 사이의 경제적 갈등을 기록하는 데만 머물지 않고 이러한 과정의 격화에도 주목한다.

그는 "농민 집단들 간 생활수준의 다양성은 이 나라 어디에서나 찾아볼 수 있으며, 아득한 옛날부터 존재해왔다. 그러나 최근 이삼십여 년 사이에 농민 인구 내에서의 이러한 차이는 아주 뚜렷해지고 있고, 꾸준히 증대되고 있다는 게 명확하다"(130쪽)고 말한다. 저자의 견해로는 1891년의 어려운 경제 사정[38] 이 이러한 과정에 새로운 추진력을 제공했다.

그렇다면 여기서 하나의 질문이 제기된다. 농민 인구 전체에 그렇게 막대한 영향을 발휘하는 이와 같은 현상의 원인들은 무엇일까?

포스트니코프는 다음과 같이 말한다. "타우리다 주는 유럽

---

38 러시아 동부와 남동부 주들에서 아주 심각했던 1891년의 기근을 말한다. 그 기근은 러시아가 그때까지 경험했던 그 어떤 유사한 자연재해보다 더 광범위한 피해를 끼쳤다. 노동에 종사하던 사람들은 농민 대중을 황폐화시킨 기근의 결과로 막대한 고통을 겪었다. 한편 이는 러시아의 자본주의 발달에 유리한 국내 시장의 생성을 촉진시켰다.─원서 편집자

에 속한 러시아 영토 내에서 가장 토지가 풍부한 지역 중 하나로, 농민들의 분여지 면적이 가장 넓은 주다. 여기서는 공동체의 집단적 토지 소유가 보편화되어 있으며, 한 사람당 토지가 어느 정도 공평하게 분배된다. 시골 인구는 사실상 농사에만 의지하고 있지만, 가구별 인구조사에 따르면 인구의 15퍼센트가 농사용 가축을 전혀 보유하고 있지 않고 약 3분의 1 가량은 자신들의 분여지를 경작하기에 충분한 농기구를 갖고 있지 못하다."(106쪽) 그리고 그는 이렇게 되묻는다. "농민들 사이의 이러한 광범위한 다양성은 어디에서 비롯된 것이며, 특히 순수한 농업 경제에서 우리가 현재 발견하는 것과 같이 경작지나 농사용 가축을 갖지 못한 농가의 비율이 이렇게 높은 것은 어떤 이유 때문일까?"(130쪽)

이런 현상의 원인들을 찾아 나선 포스트니코프는 완전히 방향을 잃고 헤매다(다행히 그리 오랫동안은 아니었다) "게으름", "술독", 심지어 방화나 말을 훔치는 행위까지 거론하기 시작한다. 그럼에도 불구하고 그는 그러한 원인들에서 "문제의 가장 본질적인 측면을 발견할 수는 없다"는 결론에 이른다. 그것은 가족의 사별, 즉 일할 수 있는 성인 구성원들의 부재로도 전혀 설명될 수 있는 성질의 것이 아니었다. 타우리다 소재 군들에서 경작할 땅을 전혀 보유하고 있지 않은 비농업 가구들 중에서 가족과 사별한 가구는 18퍼센트에 불과했기 때문이다.

그는 "가구마다 농사를 짓지 않는 주된 이유를 찾으려

면 농민들의 경제 생활 중에서 다른 요인들을 들여다봐야 한다"(134쪽)는 결론을 내린다. 특히 포스트니코프는 "특정 농민들 사이에 농사를 짓는 비율이 하락하는 이유들로 열거된 것들 중에서 가장 근본적이고 불행히도 젬스트보 통계학자들이 아직까지 거의 해명하지 못한 것으로 여겨지는 이유는 바로 분여지의 해체와 농민이 활용하는 토지의 제한된 양, 그리고 농장의 평균 규모 감소에 있다"(141쪽)는 의견을 제시하고 있다. "러시아의 경제적 빈곤의 근본 원인은 농민이 보유한 토지와 그 농장의 규모가 작아서 가족 내 노동력을 완전히 활용하지 못한다는 데 있다"(341쪽)는 것이다.

가족을 편안히 부양하려면 농장의 평균 규모(17~18데샤티나)가 충분해야 하고, 농장 규모에 관해 전체 농민층을 일반화시켜 도매금으로 묘사하는 것은 불가능하다는 포스트니코프의 부정확한 명제를 확인하기 위해서는 그가 이미 농민의 노동생산성이 농장 규모가 커질수록 증가한다는 일반 법칙을 세웠다는 사실을 기억해야만 할 것이다. 그의 추정에 따르면, 가족(과 가축)의 노동력을 완전히 활용하는 것은 오로지 상위 집단뿐이며, 예를 들어 타우리다 소재 군들에서도 부유한 농민들밖에 없다. 즉 인구의 절대 다수는 막대한 노력을 쓸데없이 낭비하며 "비생산적으로 토지를 깨지락거리고 있다"(340쪽)는 것이다.

그러나 저자가 노동생산성이 농장 규모에 달려 있고 하위 농민 집단들에서는 생산성이 극도로 낮다는 것을 충분히 입증했다는 사실에도 불구하고, 이 법칙을(포스트니코프는 그것을 러시아의 농업 인구 과잉, 농업 노동력 포화라 부른다) 농민층 해체의 원인이라 여겨서는 안 될 노릇이다. 농업 인구 과잉은 이미 그런 해체가 존재한다는 걸 전제로 하고 있기 때문에 결국 문제는 농민층이 왜 그렇게 다양한 집단으로 쪼개졌느냐 하는 점일 것이다. 저자는 소규모 및 대규모 농장들과 그들의 수익성을 비교함으로써 바로 그 인구 과잉이라는 개념에 도달했다. 따라서 "농민들 사이의 이러한 광범위한 다양성은 어디에서 비롯된 것인가"하는 질문은 농업 인구 과잉을 논하는 것으로는 답이 나올 수가 없다. 포스트니코프 자신도 분명히 이 점을 깨달았지만, 그는 그런 현상의 원인들을 조사하겠다는 명확한 목표를 갖고 있지 않았기 때문에 그의 주장은 어느 정도 단편성을 띨 수밖에 없다. 그러나 불완전하고 부정확한 견해들과 더불어 올바른 사고도 발견된다. 예를 들어 그는 다음과 같이 말하고 있다.

"토지 소유를 둘러싸고 현재 농촌에서 벌어지고 있는 격렬한 투쟁이 장차 주민들 사이에서 공동체성과 화합의 원칙을 더욱 발전시키는 데 도움이 될 거라고 기대할 수는 없다. 그리고 이러한 투쟁은 일시적인 차원이나 우발적인 원인들에 의한 결과물이 아니다. …… 우리가 볼 때 그것은 농촌에서 발달하고 있는 개인주의와 공동체 전통 간의 다툼이 아니라 현존하는 토지 부족을 고려해볼 때 인구의 특정 집단에게 필연적으로 유리하게 끝날 수밖에 없는 경제적 이해관계의 순수한 충돌이다."(XXXII쪽)

그리고 그는 또 이렇게 덧붙인다. "이러한 토지 부족과 농장들의 영세한 규모, 그리고 제대로 된 산업의 부재로 인해 농민층 사이에는 번영이란 게 있을 수 없고, 경제적으로 취약한 이들 모두는 조만간 어떻게든 농업으로부터 쫓겨날 수밖에 없다는 것이 아주 분명한 사실이다."(368쪽)

이런 서술들은 질문에 대한 정답에 훨씬 더 가깝고, 더구나 앞서 규명된 주민들의 차이에 전적으로 들어맞는다. 정답은 바로 대규모 비농업 가구들의 등장과 그들의 수적 증가는 농민층 사이의 경제적 이해관계의 충돌에 의해 결정된다는 것이다. 이러한 충돌은 무엇을 토대로 벌어지고 있으며 어떤 방식으로 진행되고 있을까? 방식에 있어서 그것들은 토지 규모의 증가가 낮은 생산 비용으로 이어짐에 따라 토지의 확보를 추구하는 데(방금 인용한 포스트니코프의 주장의 결론일지도 모를)에 그치지 않는다. 그리고 이러한 충돌이 무엇을 토대로 발생하고 있는지에 관해서는 포스트니코프가 다음과 같이 아주 분명하게 지적하고 있다.

"한 농장 내에는 농장 서비스 구역이 더 이상 그 밑으로 떨어져서는 안 되는 분명한 최저선이 존재한다. 만약 그 밑으로 떨어질 때엔 이윤이 나지 않고 심지어 운영이 불가능하기 때문이다. 마찬가지로 식량 구역도 가족과 가축의 유지를 위해서는 일정 수준이 필요하다. 외부에서 벌어들이는 수입이 없거나 적은 농장은 생산물을 팔아서 세금을 내고 옷과 신발을 사며 농기구와 건물 등에 필요한 경비를 충당할 돈을 벌어들이는 특정 수준의 시장 구역을 소유하고 있어야 한다. 만약 농장의 규모가 이 최저선 이하로 떨어지면 농사를 짓는 것이 불가능해진다. 그럴 경우 농민은 농사를 포기하고 노동자가 되면, 지출이 더 줄어들고 필요로 하는 것들을 더 적은 총소득으로도 충분히 채울 수 있어 더 이득이라는 사실을 알게 될 것이다."(141쪽)

한편으로 농민이 자신의 곡물 수요를 훨씬 뛰어넘는 면적으로 경작을 확대하는 게 더 이득이라 판단한다면, 그것은 그가 자신의 농산물을 팔 수 있기 때문이다. 다른 한편으로 그가 농사를 포기하고 노동자가 되는 게 더 이득이라 판단한다면, 자신의 요구를 상당 부분 충족시키기 위해서는 현금, 즉 매출[39]이 필요한데 자신의 농장 생산물을 팔려고 하니 시장에서 도저히 경쟁할 수 없는 상대와 맞닥뜨리게 되자 자신에게 유일하게 남은 노동력을 팔기 때문이다. 한마디로 말해, 앞에서 서

---

[39] 레닌 주 식량 구역과 상업 구역(이들 구역에서 거둬들인 수입은 가족의 필요를 충족시키는 데 사용될 뿐 농장과 생산비로는 투입되지 않아 진정한 의미에서의 수입을 대표하지는 않는다)에 관해 앞서 제시된 데이터와, 식량을 위해 사용된 곡물의 양(남녀 한 사람당 2체트베르티)과 관련된 타우리다 농민의 평균 현금 지출에 관한 데이터를 비교할 것.

술한 현상들이 자라나는 토양은 판매를 위한 생산이다. 농민 층 사이에 불거지는 경제적 이해관계 충돌의 근본적인 원인은 시장이 사회적 생산의 조절 기관을 담당하는 시스템의 존재에 있는 것이다.

"농민 생활의 새로운 경제적 양상"에 관한 서술과 그것을 설명하려는 시도를 마무리하면서 포스트니코프는 "농지 문제" 를 해결하기 위한 실질적 방안들의 윤곽을 계속해서 그려 보이고 있다. 그러나 우리는 저자를 따라 그 지점으로까지 접어들지는 않을 것이다. 그 이유는 첫째, 그것이 이 글이 애초 계획했던 바가 아니며, 둘째, 그 부분은 포스트니코프의 저술 중에서 가장 취약한 부분이기 때문이다. 이러한 점은 그의 글 가운데 모순되는 부분과 불완전한 주장들의 대부분이 저자가 경제 과정을 설명하려 하는 바로 그 순간에 생겨나며, 그것들이 완전하고 정확하게 해명되지 않은 상태에서는 어떠한 실질적 방안도 제시될 여지가 없다는 사실을 명심한다면 아주 명확해질 것이다.

| 1893년 봄에 집필

이른바
시장 문제에 관하여

이 글은 1893년 가을 상트페테르부르크에서 집필되었다.

여기에 담긴 주요 논점들은 ('원로들'의 서클이라 알려져 있는) 상트페테르부르크 마르크스주의자들의 모임에서 G. B. 크라신(Krasin)의 '시장 문제'에 대한 강의를 놓고 토론이 벌어졌을 때 레닌이 처음으로 개요를 설명했던 부분이다. 모임 참가자들에 따르면 레닌의 문건은 모든 참석자들에게 깊은 인상을 심어주었다고 한다. N. K. 크룹스카야(Krupskaya)는 그때의 레닌을 이렇게 회상했다.

"우리의 신참 마르크스주의자 친구는 시장 문제들을 엄청나게 구체적으로 다루었다. 그는 그 문제를 대중의 이해관계와 연결시켰으며, 그의 전체적인 접근법은 구체적인 배경과 국면에서 현상을 받아들이는 살아있는 마르크스주의 그 자체라는 느낌을 주었다."(『레닌을 회상하며Reminiscences of Lenin』, 모스크바, 1959년, 12쪽)

모임에서 했던 연설과 「이른바 시장 문제에 관하여」란 제목의 문건을 통해 레닌은, 해외 시장의 존재를 자본주의 생산의 필요조건이라 여기고 사회적 생산의 세분화된 두 부분 사이의 어떠한 연관성도 부정했던 크라신의 실수를 지적했다. 동시에 그는 러시아 자본주의의 운명에 대한 자유주의 인민주의자들의 견해들과 초창기 '합법적 마르크스주의'를 대표하는 인물들의 시각을 강하게 비판했다.

이 글 「이른바 시장 문제에 관하여」는 상트페테르부르크와 여타 도시들의 사회민주주의 서클들 사이에서도 재빨리 전파돼, 인민주의와 '합법적 마르크스주의'에 맞서는 투쟁의 강력한 무기가 되었다. 이 글에서 끌어온 핵심 결론들은 이후 레닌의 책 『러시아에서의 자본주의 발전』에서 더욱 발전되었다.

한동안 분실된 것으로 여겨졌던 이 글의 원고는 1937년에 이르러서야 소련 공산당 중앙위원회 산하 마르크스-레닌주의 연구소의 소유가 되었다.

1937년 학술지 《볼셰비키Bolshevik》 통권 21호에 최초로 발표되었으며, 1938년에 연구소가 책의 형태로 출간하였다.—원서 편집자

I

날이 갈수록 인민 대중들이 더더욱 가난해지고 있는 러시아에서, 자본주의가 싹을 틔우고 완전한 발전에 도달할 수 있을까? 자본주의가 발전하려면 광범위한 국내 시장이 있어야 하는 게 분명하다. 하지만 농민층의 붕괴는 이러한 시장을 약화시키고 모조리 문을 닫게끔 위협하는 동시에 자본주의 질서의 구성을 불가능하게 만들고 있다. 자본주의가 직접 생산자의 자연경제를 상품경제로 전환시킴으로써 스스로 시장을 창출하고 있는 것은 사실이라 여겨진다. 그러나 궁핍한 러시아 농민들의 자연경제 가운데 남아 있는 보잘것없는 자투리가 이 나라에서 서구처럼 강력한 자본주의 생산 발전의 토대를 이룰 거라고 생각할 수 있을까? 대중들이 가난에 허덕이고 있다는 사실 하나만으로도 이미 이 나라 자본주의는 무력하고, 토대가 형성되어 있지 못하며, 나라 전체의 생산을 아우르고 사회적 경제의 근간을 이루는 데 있어 무능력하다는 게 확실해 보이지 않는가?

러시아 마르크스주의자들에 반대하는 국내의 여러 문헌에서도 끊임없이 이런 질문들이 제기되고 있다. 시장의 부재는,

러시아에는 마르크스 이론을 접목시킬 수 없다고 주장하는 사람들이 주로 제기하는 논점 가운데 하나다. 이제 곧 논의하게 될 「시장 문제」라는 문건의 목적도 바로 마르크스 이론의 접목 가능성을 반박하기 위한 것이었다.

II

「시장 문제」를 쓴 저자의 주된 전제는 "자본주의적 생산의 보편적이고 배타적인 지배"라는 가정이다. 그 전제로부터 출발해 그는 『자본*Capital*』 2권 21장(3편 사회적 총자본의 재생산과 유통)의 내용들을 자세히 설명하고 있다.

여기서 마르크스는 사회적 생산이 어떻게 노동자와 자본가의 개인적 욕구를 충족시켜주는 생산의 일부를 대체하고, 그 생산의 일부가 생산자본의 요소들을 형성하는지에 대한 검토에 착수한다. 그러므로 1권에서 개별 자본의 생산과 재생산에 관한 검토는 자본의 구성 요소들과 그 가치에 따른 생산물의 분석으로——『자본』 1권에서 생산물의 가치가 c(불변자본, constant capital)+v(가변자본, variable capital)+s(잉여가치, surplus-value)로 구성되어 있음을 드러내주었듯이——제한될 수 있었다. 그러나 여기에서 생산물은 그 물질적 구성 요소들로 분할되어야만 하는데, 자본의 성분들로 구성되는 생산물의 일부는 개인적 소비를 위해 사용될 수 없고, 그 반대도 마찬가지기 때문이다. 그런 관점에서 마르크스는 사회적 총생산을——따라서 사회적 총생산물을——(I)오로지 생산적 소비를 위해서만 기능할 수 있는 상품인 생산수단의 생산, 즉 생산적 자본의 요소와 (II)노동계급과 자본가계급의 개인적 소비를 위해 기능하는 상품인 소비수단의 생산, 이렇게 두 부문으로 나눈다.

이 연구가 기초로 삼고 있는 공식은 다음과 같다(아라비아 숫자들은 예를 들어 수백만 루블과 같이 가치의 단위들을 가리킨다. 로마 숫자들은 위에서 언급한 사회적 생산의 부문들을 가리킨다. 잉여가치율은 100퍼센트라고 상정한다).

$$\text{I } 4{,}000c + 1{,}000v + 1{,}000s = 6{,}000$$

$$\text{II } 2{,}000c + 500v + 500s = 3{,}000$$

(자본=7,250 생산물=9,000)

먼저 단순재생산, 즉 생산이 확대되지 않고 예전의 규모를 영구히 유지하고 있다는 가정에서부터 출발해보자. 이는 자본가들이 잉여가치 전부를 비생산적으로 소비하고, 축적이 아닌 개인적 욕구를 위해 사용한다는 걸 뜻한다. 그런 상황에서는 우선 II500v와 II500s가 동일한 II부문 내에서 자본가와 노동자에 의해 소비되어야 한다는 점은 분명하다. 그 생산품이 개인적 욕구의 충족을 위한 소비수단의 형태로 존재하기 때문이다. 더 나아가, 동일한 I부문 내에서 자연적 형태의 4,000c는 자본가들에 의해 소비되어야 한다. 생산 규모가 불변하는 상황에서는 향후 생산수단의 생산을 위해 똑같은 자본을 유지할 것이 요구되기 때문이다. 따라서 자본의 이 부문을 대체하는 데는 아무런 어려움이 없다. 석탄, 철, 기계 등과 같이 자연적 형태로 존재하는 생산물의 해당 부문은 생산수단을 생산하는 자본가들 사이에서 교환될 테고, 종전과 같이 불변자본으로 기능할 것이기 때문이다. 그러므로 I(v+s)와 IIc가 여전히 남게 되는데, I1,000v +I1,000s는 생산수단의 형태로 존재하는 생산물이고, II2,000c는 소비수단의 형태로 존재하는 생산물이다. I부문(단순재생산, 즉 전체 잉여가치의 소비)에서 노동자들과 자본가들은 2,000의 가치(1,000(v)+1,000(s))를 소비수단으로 소비해야 한다. 예전의 규모대로 생산을 계속할 수 있으려면, II부문의 자본가들은 자신들의 불변자본(2,000IIc)을 대체하기 위해 2,000 정도까지 생산수단을 획득해야만 한다. 여기서 볼 때 Iv+Is는 IIc와 교환되어야 한다는 게 명확해진다. 만약 그렇지 않다면, 예전 규모대로 생산하는 게 불가능해질 것이기 때문이다. 이렇듯 단순재생산의 조건은 I부문에서의 가변자본과 잉여가치의 총합이 II부문에서의 불변자본과 똑같아야 한다: I(v+s)=IIc. 달리 말해, 1년 동안 (두 부문에서) 생산된 모든 새로운 가치의 총합은 소비수단의 형태로 존재하는 생산물의 총가치와 동일해야 한다는 법칙을 이끌어낼 수 있는 것이다: I(v+s)+II(v+s)=II(c+v+s).

물론 실제로는 단순재생산이란 존재할 수가 없다. 사회 전체의 생산은 매년 예전의 규모에 머무를 수가 없고, 축적은 자본주의 체제의 법칙이기 때문이다. 따라서 사회적 생산이 어떻게 규모가 확대되거나 축적이 이뤄지는지를 검토해보도록 하자. 축적이 이뤄지는 상황에서는 잉여가치의 일부만 자본가들의 개인적 욕구를 위해 소비되고, 나머지 부분은 생산적으로 소비된다. 즉 생산의 확대를 위한 생산적 자본의 일부로 전환되는 것이다. 그러므로 축적이 이뤄지는 한 Ⅰ(v+s)와 Ⅱc가 동일할 수가 없다. Ⅰ부문의 잉여가치 일부가 소비수단으로 교환되지 않고 생산의 확대를 위해 사용될 수 있으려면 Ⅰ(v+s)는 Ⅱc보다 더 커야만 하는 것이다. 따라서 우리는 다음과 같은 공식을 얻게 된다.

A. 단순재생산 공식

Ⅰ 4,000c+1,000v+1,000s=6,000

Ⅱ 2,000c+500v+500s=3,000

$\text{Ⅰ}(v+s) = \text{Ⅱ}c.$

B. 초기 축적 공식

Ⅰ 4,000c+1,000v+1,000s=6,000

Ⅱ 1,500c+750v+750s=3,000

$\text{Ⅰ}(v+s) \rangle \text{Ⅱ}c$

이제 축적이 이뤄진다면 사회적 생산이 어떻게 진행되어야 하는지를 살펴보도록 하자.

첫해에는.

    I 4,000c+1,000v+1,000s=6,000

    II 1,500c+750v+750s=3,000

    (자본=7,250 생산물=9,000)

I (1,000v+500s)는 (단순재생산에서처럼) II 1,500c와 교환된다.

I 500s는 축적, 즉 생산을 확대하기 위해 투입돼 자본으로 전환된다. 만약 우리가 방금 분할된 부분을 불변자본과 가변자본으로 나눈다면

    I 500s=400c+100v

가 된다.

추가 불변자본(400c)은 생산물 I (그것의 자연적 형태는 생산수단이다)에 포함되지만, 추가 가변자본(100v)은 2부문의 자본가들로부터 확보되어야 하기 때문에 결과적으로 그들은 축적을 해야만 한다. 그들은 잉여가치의 일부(II 100s)를 생산수단(I 100v)과 교환해 이 생산수단을 추가 불변자본으로 전환한다. 따라서 그들의 불변자본은 1,500c에서 1,600c로 증가한다. 그

것을 처리하기 위해서는 추가 노동력——50v——이 필요한데, 그것 역시 2부문 자본가들의 잉여가치로부터 가져온 것이다.

최초 자본에다 Ⅰ부문과 Ⅱ부문으로부터 가져온 추가 자본을 보탬으로써 우리는 다음의 생산물 분배 공식을 얻게 된다.

Ⅰ 4,400c+1,100v+(500s)=6,000

Ⅱ 1,600c+800v+(600s)=3,000

괄호 안에 묶인 잉여가치는 자본가들의 소비 자금, 즉 축적을 목적으로 하는 게 아니라 자본가들의 개인적 욕구를 위해 들어가는 잉여가치의 일부를 나타낸다.

만약 생산이 예전 규모대로 진행된다면 연말에 이르러서는

Ⅰ 4,400c+1,100v+1,100s=6,600

Ⅱ 1,600c+800v+800s=3,200

(자본=7,900 생산물=9,800)

이 될 것이다.

Ⅰ(1,100v+550s)은 Ⅱ1,650c와 교환된다. 추가된 50c는 Ⅱ 800s로부터 얻어지고, c가 50만큼 증가함으로써 v도 25만큼 증가하게 된다.

더 나아가 Ⅰ550s는 예전처럼 축적된다.

$$\mathrm{I}\ 550s=440c+110v$$
$$\mathrm{II}\ 165s=110c+55v$$

만약 초기 자본에다가 추가 자본을 더한다면(Ⅰ4,400c에다 440c, Ⅰ1,100v에다 110v, Ⅱ1,600c에다 50c와 110c, Ⅱ800v에다 25v와 55v), 우리는

$$\mathrm{I}\ 4{,}840c+1{,}210v+(550s)=6{,}600$$
$$\mathrm{II}\ 1{,}760c+880v+(560s)=3{,}200$$

을 얻게 될 것이다.

그리고 생산을 더 진전시키면 우리는

$$\mathrm{I}\ 4{,}840c+1{,}210v+1{,}210s=7{,}260$$
$$\mathrm{II}\ 1{,}760c+880v+880s=3{,}520$$
$$(자본=8{,}690 \quad 생산물=10{,}780)$$

을 얻는다.

본질적으로 사회적 총자본의 재생산에 대한 마르크스의 연구 결과는 이상과 같다. 이런 연구들은(반드시 의구심을 품어봐야 한다) 저자의 글에서 아주 간결한 형태로 제시되어 있다. 마찬가지로 검토 대상인 질문과는 아무런 직접적 관계가 없기

때문에, 예를 들어 화폐의 유통이나 서서히 닳아 없어지는 고
정 자본의 대체 같은 마르크스의 구체적인 분석도 생략되어
있다.

III

마르크스가 행한 이런 연구들로부터 문건의 저자는 어떤 결론을 끌어오고 있을까? 애석하게도 그는 자신의 결론을 아주 정확하고 분명하게 표현하고 있지는 않아, 서로 완전히 일치되지는 않은 특정 진술로부터 우리 스스로 판단을 내릴 수밖에 없다. 예를 들어 저자는 이렇게 말하고 있다.

"여기서 우리는 I부문, 즉 생산수단으로서의 생산수단의 생산에서 어떻게 축적이 이뤄지는지를 살펴보았다. …… 이런 축적은 소비품 생산의 발달과 누가 소비하든 상관 없이 개인적 소비의 발달로부터 독립적으로 발생한다."(15/3쪽)

물론 생산의 확대가 새로운 가변자본을 요구하고 그 결과 소비품을 필요로 하기 때문에, 축적이 소비품 생산으로부터 "독립적으로" 이뤄진다고 말하는 것은 잘못이다. 분명 저자는 그런 표현을 사용함으로써 Ic──I부문에서의 불변자본──의 재생산이 II부문과의 교환 없이 발생한다는, 예를 들어 석탄을 생산할 목적으로 매년 특정한 양의 석탄이 사회에서 생산된다는 공식의 구체적인 특징을 단지 강조하고 싶었던 듯하다. 이러한 생산(석탄을 생산할 목적으로 석탄을 생산하는 것)이 뒤이어 일어나는 일련의 교환을 통해 소비품의 생산과 연결된다는 사실은 말할 필요도 없다. 그렇지 않다면 석탄 소유주든 노동자든 그 누구도 존재할 수 없을 테니 말이다.

다른 대목에서 저자의 목소리는 훨씬 더 힘없이 느껴진다. 그는 "자본 축적의 **주된** 움직임은 어떠한 직접 생산자나 인구 계층의 개인적 소비와도 독립적으로 떨어져 발생하고 있고 또 발생해왔다(아주 초기를 제외하고)"(8쪽)고 말한다. 여기서는 자본주의의 역사적 발전 과정에서 생산수단의 생산이 소비품의 생산보다 우위를 점해왔다는 점만 언급되고 있다. 이런 언급은 다른 단락에서도 되풀이된다. "한편 자본주의 사회의 전형적인 특징은 축적을 위한 축적, 개인적 소비가 아닌 생산적 소비라는 점이다. 다른 한편으로는 정확히 생산수단으로서의 생산수단의 생산이라는 점이 **전형적인 부분이다**."(21/2쪽) 만약 이런 언급을 통해 저자가 이야기하고 싶었던 부분이, 자본주의 사회는 기계의 발달과 그를 위해 요구되는 품목들(석탄, 철 등)에 의해 그 전의 다른 경제 체계와 정확히 구별된다는 데 있다면 그의 주장은 아주 옳았다. 기술 수준에서 자본주의 사회는 다른 어떤 사회보다 더 높은 경지에 도달해 있고, 기술적 진보는 기계의 역할이 인간 노동을 더욱더 뒷전으로 밀어내고 있다는 사실에서 확실히 드러나고 있다.

따라서 저자의 불명확한 주장을 비판하기보다는 마르크스

에게 곧바로 시선을 돌려 그의 이론으로부터 Ⅰ부문이 Ⅱ부문보다 "우위에 있다"는 결론을 이끌어내는 것이 가능한지, 그리고 그 우위에 있음을 어떤 의미로 받아들여야 하는지를 살펴보는 편이 더 나을 것이다.

앞서 인용한 마르크스의 공식으로부터 Ⅰ부문이 Ⅱ부문보다 우위에 있다는 결론을 이끌어낼 수는 없다. 두 부문 모두 평행선상에서 발전하기 때문이다. 게다가 그 공식은 기술적 진보를 고려하고 있지 않다. 마르크스가 『자본』 1권에서 증명했듯이 기술적 진보는 불변자본에 비해 가변자본의 비율이 점진적으로 줄어드는 것으로 표현되는 반면, 그 공식에서는 변하지 않는 것으로 간주되고 있다.

만약 공식에서 이런 변화를 반영했다면, 소비품보다 생산수단에서 상대적으로 보다 더 급격한 증가가 이뤄질 것임은 말할 필요도 없다. 그럼에도 불구하고 명확성을 위해서나 그런 전제로부터 잘못된 결론을 도출하는 상황을 피하기 위해서도 그걸 계산해볼 가치가 있다는 게 나의 생각이다.

다음의 공식에서 축적률은 불변하는 것으로 간주된다. 즉 잉여가치의 절반이 축적되고 절반이 개인적으로 소비된다는 가정이다.

독자 여러분은 다음의 공식을 건너뛰어 바로 다음 페이지의 결론으로 넘어가도 무방하다. 글자 a는 생산의 확대를 위해 사용된 추가 자본, 즉 축적된 잉여가치의 일부를 의미한다.

1년차   I 4,000c+1,000v+1,000s=6,000   v: (c+v)=20.0%

     II 1,500c+750v+750s=3,000   〃   33.3%

        I (1,000v+500s)= II 1,500c

          a. I 500s=450c+50v   〃   1/10

          a. II 60s=50c+10v   〃   1/6

      I 4,450c+1,050v+(500s)=6,000

      II 1,550c+760v+(690s)=3,000

2년차   I 4,450c+1,050v+1,050s=6,550   〃   19.2%

     II 1,550c+760v+760s=3,070   〃   32.9%

        I (1,050v+525s)= II 1,575c

                  II (1,550v+25s)

          a. II 28s=25c+3v   〃   ab. 1/9

          a. I 525s=500c+25v   〃   ab. 1/21

          a. II 28s=25c+3v   〃   ab. 1/9

      I 4,950c+1,075v+(525s)=6,550

      II 1,602c+766v+(702s)=3,070

3년차   I 4,950c+1,075v+1,075s=7,100   〃   17.8%

     II 1,602c+766v+766s=3,134   〃   32.3%

        I (1,075v+537 1/2s)= II 1,612 1/2c

                  II (1,602c+10 1/2s)

          a. II 11 1/2s=10 1/2c+1v   〃   ab. 1/12

          a. I 537 1/2s=517 1/2c+20v   〃   ab. 1/26

a.　Ⅱ22s=20c+2v　　　　　　　　　　　〃　1/11

　　Ⅰ5,467 1/2c+1,095v+(527 1/2s)=7,100

　　Ⅱ1,634 1/2c+769v+(730 1/2s)=3,134

4년차　Ⅰ5,467 1/2c+1,095v+1,095s=7,657 1/2　〃　16.7%

　　　Ⅱ1,634 1/2c+769v+769s=3,172 1/2　　　〃　32.0%

기타 등등.[1]

이제 사회적 생산물의 다양한 부분들의 성장에 관하여 이 공식으로부터 도출해낸 결론들을 비교해보자.[2]

	생산수단으로서의 생산수단		소비수단으로서의 생산수단		소비수단		사회적 총생산물	
		%		%		%		%
1년차	4,000	100	2,000	100	3,000	100	9,000	100
2년차	4,450	111.25	2,100	105	3,070	102	9,620	107
3년차	4,950	123.75	2,150	107.5	3,134	104	10,234	114
4년차	5,467 1/2	136.7	2,190	109.5	3,172	106	10,828 1/2	120

따라서 생산수단으로서의 생산수단의 생산이 가장 급격하게 증가하고, 그 다음에 소비수단으로서의 생산수단의 생산이 그 뒤를 따르며, 소비수단의 생산이 가장 느린 증가율을 보인다는 사실을 알 수 있다. 『자본』 2권에서 마르크스가 행한 연구를 들여다보지 않더라도, 불변자본은 가변자본보다 더 빨리 증가하는 경향이 있다는 법칙에 근거해서도 그런 결론에 도달할 수 있다. 생산수단이 더 빨리 증가한다는 명제는 이 법칙을 사회적 생산 전반에 적용할 때 그렇게 바꾸어 말한 것일 따름이다.

그러나 어쩌면 우리는 여기서 한 발 더 나아가야 될지도 모르겠다. c+v 대비 v의 비율이 부단히 감소한다는 걸 받아들인다면, v가 영(0)으로까지 감소하지 않을 이유, 즉 같은 수의 노동자들로도 더 많은 양의 생산수단을 감당하기에 충분하지 않을 이유가 어디 있겠는가? 그 경우 축적된 잉여가치의 일부는 Ⅰ부문의 불변자본에 곧장 추가될 것이고, 사회적 생산은 생산수단으로서의 생산수단 때문에 전적으로 증가할 것이며, Ⅱ부문은 완전한 불황이 지배하게 될 것이다.[3][4]

물론 그런 결론은 일어날 성싶지 않은 가정에 기초하고 있고 따라서 잘못된 것이기 때문에, 공식들을 오용하는 게 될 것이다. c 대비 v의 비율을 감소시키는 기술적 진보가 Ⅰ부문에서만 표출되고 Ⅱ부문을 완전한 불황 상태로 남겨놓을 거라고 상상하는 게 과연 가능할까? 그것이 모든 자본가에게 파산을 각오하고 사업을 확대할 것을 요구하면서도 정작 Ⅱ부문에서는 어떠한 축적도 이뤄져서는 안 된다고 요구하는 자본주의 사회의 지배적인 법칙들과 일치할까?

3 레닌주 개별적인 사례로서 그런 일이 완전히 불가능하다는 이야기를 하려는 건 아니다. 다만 여기서는 특수한 사례들이 아니라 자본주의 사회 발전의 일반적인 법칙을 논의하고 있는 것이다.

4 레닌주 다음의 공식으로 핵심을 설명하면

$$\text{Ⅰ: } 4,000c + 1,000v + 1,000s = 6,000$$
$$\text{Ⅱ: } 1,500c + 750v + 750s = 3,000$$
$$\text{Ⅰ:}(1,000v+500s)=\text{Ⅱ:}1,500c$$

Ⅰ:500s는 축적돼 Ⅰ:4,000c에 보태진다.

$$\text{Ⅰ:}4,500c+1,000v+(500s)=6,000$$
$$\text{Ⅱ:}1,500c+750v+750s=3,000$$
$$\text{Ⅰ:}4,500c + 1,000v + 1,000s = 6,500$$
$$\text{Ⅱ:}1,500c + 750v + 750s = 3,000$$
$$\text{Ⅰ:}(1,000v+500s) = \text{Ⅱ:}1,500c$$

Ⅰ:500s는 전과 같이 축적된다 등.

따라서 앞에서 개요를 서술한 마르크스의 연구로부터 끌어낼 수 있는 유일하게 올바른 결론은, 자본주의 사회에서 생산수단의 생산은 소비수단의 생산보다 더 빠르게 증가한다는 것이다. 이미 언급한 바와 같이, 이런 결론은 자본주의 생산이 이전 시대의 생산보다 이루 헤아릴 수 없을 정도로 높은 기술적 수준에 도달한다는 일반적으로 알려진 명제로부터 직접적으로 도출된다.[5] 이 점에 대해 특히 마르크스는 오직 자신의 글 한 단락에서만 아주 분명하게 자신의 생각을 표현하고 있는데, 그 단락은 주어진 공식이 옳았음을 전적으로 확인해주고 있다.

"이 경우 자본주의 사회를 미개사회와 구분해주는 것은 시니어(Senior)가 생각하는 것처럼 간혹 자신의 노동력을 쏟아붓고도 수익, 즉 소비품으로 용해될 수 있는(교환할 수 있는) 어떠한 생산물도 손에 쥐지 못하는 식과 같은 미개사회의 특권과 특징 때문이 아니다. 아니, 그 구별되는 지점은 다음과 같은 측면에 존재한다."

"알파) 자본주의 사회는 연간 가용 노동력 중에서 생산수단의(그러므로 불변자본의) 생산에 더 많은[주의] 노동력을 고용

5 레닌 주 자본주의 사회에서 생산(그리고 결과적으로 '시장')은 소비품의 성장 때문에 증가하거나 대개는 기술적 진보, 즉 c와 대비해볼 때 v의 비율상의 변화가 손으로 하는 노동의 역할이 감소한다는 걸 정확히 나타내주듯이, 기계 작업이 수작업을 축출한 결과로 증가할 수 있다는 식으로 결론이 다소 다르게 표현되는 이유도 거기에 있다.

하는데, 그런 노동력은 임금이나 잉여가치의 형태를 통해 수익
으로 용해되는 것이 아니라 오로지 자본으로서만 기능할 수
있다."[6]

---

6   마르크스, 『자본』, 2권, 모스크바, 1957년, 438쪽.—원서 편집자

IV

이제 질문은 앞서 자세히 설명한 이론과 "악명 높은 시장 문제"가 무슨 관계가 있느냐 하는 데 있다. 그 이론은 "자본주의 생산양식의 보편적이고 배타적인 지배"라는 가정에 기초하고 있는 반면, "시장 문제"는 러시아에서 자본주의의 완전한 발전이 "가능할 것인가" 하는 것이다. 물론 그 이론이 자본주의 발전에 관한 통상적 개념을 수정하게 해준 건 사실이지만, 자본주의가 전체적으로 어떻게 발전하는지에 대한 해명은 러시아에서의 자본주의 발전의 "가능성"(과 필요성)이라는 문제를 해결하는 데는 전혀 도움을 주지 못한다는 게 명백하다.

하지만 문건의 저자는 자본주의 노선을 따라 구조화된 사회적 총생산의 과정에 관한 마르크스의 이론을 자세히 설명하는 데 스스로를 국한시키지 않는다. 그는 "자본의 축적에서 나타나는 본질적으로 다른 두 가지 특징들, 즉 (1)자연경제를 축출하고 그 희생을 바탕으로 팽창하면서 이미 존재하는 노동 분야를 꽉 틀어쥐고 있는 자본주의 생산 발전의 폭과, (2)자본주의 생산양식의 보편적이고 배타적인 지배하에서 자연경제와는 독립적으로 떨어져 확대되는 자본주의 생산 발전의 깊이"를 구별할 필요성을 지적한다. 그러나 당분간은 그런 구별에 대한 비판을 접어두고, 저자가 말하는 자본주의 발전의 폭이 무엇을 의미하는지를 알아보는 쪽으로 곧장 나아가보자. 자본주의 경제가 자연경제를 대체하는 그런 과정에 대한 해명은 러시아 자본주의가 "나라 전체를 어떻게 틀어쥐게" 될 것인지를 보여줄 것이기 때문이다.

저자는 자본주의 발전의 폭을 다음과 같은 도형을 예로 들어 설명하고 있다.[7]

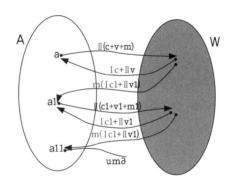

A-자본가들, W-직접 생산자들

a, a1, a11-자본주의 기업들.

화살표들은 교환되는 상품의 이동을 보여준다.

7   m은 잉여가치(a)를 나타내고, u m ∂는 '기타 등등'을 의미한다.—원서 편집자

c, v, m-상품가치의 구성 요소들

I, Ⅱ-자연적인 형태의 상품들:I-생산수단; Ⅱ-소비수단

저자는 "A와 W 영역 사이의 본질적인 차이는, A에서 생산자들은 자신들의 잉여가치를 생산적으로 소비하는 자본가들인 반면 W에서는 자신들의 잉여가치를(여기서 생산물의 가치는 생산수단과 필수적인 생계수단의 가치를 능가한다고 상정한다) 비생산적으로 소비하는 직접 생산자들이라는 데 있다"고 말한다.

"도형에서 화살표를 따라가보면, A에서 자본주의적 생산이 어떻게 W에서의 소비를 희생시켜 점차 그걸 흡수하면서 발전하는지를 쉽게 알 수 있을 것이다." 자본주의 기업 a의 제품은 소비품의 형태로 "직접 생산자들에게" 흘러들어가고, "직접 생산자들"은 그 대가로 불변자본(c)을 생산수단의 형태로, 가변자본(v)을 소비수단의 형태로, 잉여가치(s)를 추가 생산자본 요소(c,+v,)의 형태로 되돌려준다. 그 자본은 새로운 자본주의 기업 a,의 토대로 기능하게 되며, 그 기업은 정확히 같은 방식을 통해 자신의 제품을 소비품의 형태로 "직접 생산자들"에게 보내는 식이다. "자본주의 발전의 폭에 관한 위의 도형으로부터 전체 생산이 '해외' 시장에서의 소비와 대중들에 의한 소비에(그리고 일반적인 관점에서 볼 때 그 대중이 어디에 있느냐는, 자본가 곁에 있든 바다 건너 어딘가에 있든, 전혀 중요치 않다) 아주 밀접하게 의존하고 있다는 결론이 나온다. 분명 A에서의 생산 확대, 즉

이러한 방향으로의 자본주의 발전은 W에서 모든 직접 생산자들이 상품 생산자로 변신하는 순간 멈추게 될 것이다. 앞서 봤듯이 모든 새로운(또는 예전 기업에서 확장된) 기업들은 W에 있는 새로운 소비자 집단에게 제품을 공급하는 것으로 추산되기 때문이다." 그리고 결론에서 저자는 이렇게 말한다. "현재의 자본주의 축적 개념, 즉 확장된 규모의 자본주의 재생산 개념은 이런 관점에만 국한되며, 깊이에 있어서 자본주의 발전은 다른 나라의 직접 생산자들과 독립된, 즉 이른바 해외 시장으로부터 독립된 상태로 이뤄질 거라는 데 의심의 여지가 없다."

이런 전체적인 설명에서 우리가 유일하게 동의할 수 있는 건 자본주의 발전의 폭이라는 개념과 그것을 실증해주는 도형이 그 주제에 관한 인민주의자의 현재 견해들과 완전히 일치한다는 점뿐이다.

실제로 제시된 도형보다 더 확실하고 뚜렷하게 오늘날 그들이 지닌 견해들의 모순과 지루함을 묘사하기도 어려울 것이다.

"현재의" "개념"은 언제나 이 나라 자본주의를 "인민의 시스템"과 별도로 떨어져 존재하는 그 무언가로 간주하고 그것과는 거리를 두었으며, 이는 자본가 영역과 인민의 영역이라는 두 "영역들" 사이에는 어떠한 연관성도 찾아볼 수 없는 위 도형의 묘사와 정확히 일치한다. A에서 보낸 상품들은 왜 W에서 시장을 발견하는가? W의 자연경제를 상품경제로 전환시키는 원동력은 무엇인가? 현재의 견해는 교환을 우연적인 것으로 여길 뿐 경제의 특정한 시스템으로 바라보지 않기 때문에 이런 물음들에 전혀 답을 내놓지 못해왔다.

더욱이 현재의 견해는 러시아의 자본주의가 어디에서 어떻게 생겨났는지에 대해 도형에서 설명한 것 이상의 해명을 전혀 내놓지 않았다. 마치 자본가들이 바로 이들 "직접 생산자들" 사이에서가 아니라 외부의 그 어딘가로부터 생겨난 것처럼 그 문제를 다루고 있는 것처럼 말이다. a, a1 등의 기업들을 위해 필요한 "자유로운 노동자들"을 자본가들이 어디서 구하는지도 여전히 미스터리로 남아 있고 말이다. 그러나 현실에서 그들 노동자들이 정확히 "직접 생산자들"로부터 확보된다는 사실은 누구나 알고 있다. 그럼에도 도형은 상품 생산이 W "영역"을 포괄할 때 다수의 자유로운 노동자들을 창출해낸다는 사실을 전혀 보여주지 않는다.

간단히 말해, 도형은——현재의 견해와 정확히 일치하는——이 나라 자본주의 체제의 현상들에 대해 전혀 아무것도 설명해주지 않으며, 따라서 아무 쓸모가 없다. 자본주의가 어떻게 자연경제를 희생시켜 발전하고 나라 전체를 포괄하게 됐는지를 해명하려던 목적도 전혀 이뤄지지 않았는데, 저자 스스로가 알다시피 "만약 우리가 검토 중인 견해를 시종일관 고수한다면, 자본주의 생산양식의 발전이 보편화되기란 불가능하다는 결론을 내려야 하기" 때문이다.

이를 지켜본 이들은 저자 자신이 "태동기에 있는 자본주의

가 실제로(?) 이렇게 아주 수월한(원문 그대로임!?) 방식으로
(여기에 기존의 노동 분야들이 포함되어 있기 때문에 아주 수
월하다) 발전했고, 세상에 자연경제의 잔류물들이 존재하고
인구가 증가하는 오늘날에조차도 같은 방향으로 일정 부분 발
전하고 있다"고 말하면서 비록 부분적이긴 하나 그런 견해를
고수하고 있다는 사실에 놀라움을 표할지도 모른다.

그러나 실제로는 자본주의가 "아주 수월한" 방식으로 발전
하는 것이 아니라 단지 그 과정을 이해하는 방식이 "아주 수
월"했던 것뿐이었다. 그게 얼마나 "수월"했던지, 차라리 이해
가 거의 전무했다고 말하는 편이 더 정확할 정도다. 각양각색
의 러시아 인민주의자들은 바로 이 순간까지도 이렇게 "아주
수월한" 속임수들로 상황을 모면하고 있다. 그들은 이 나라에
서 자본주의가 어떻게 생겨났고 어떻게 작동하는지를 해명하
는 건 꿈조차 꾸지 못한 채, 우리 체제의 "아픈 구석"인 자본
주의를 "건강한 부분"인 직접 생산자들, 즉 "인민들"과 비교하
는 것에 스스로를 국한시키고 있다. 자본주의를 왼편에 놓고
인민들을 오른편에 놓은 다음, "인간 사회"에 무엇이 "해롭고"
무엇이 "유용한지"에 대한 감상적인 문구들로 이 모든 심오한
사고를 마무리 짓고 있는 것이다.

V

앞서 제시된 도형을 수정하기 위해서는 여기서 다루는 개념들의 내용을 확인하는 것에서부터 시작해야겠다. 상품 생산이란, 일정한 제품을 제조하는 데 있어 전문성을 지닌 각각의 독립적이고 분리된 생산자들에 의해 물건이 생산되고, 그래서 사회의 필요를 충족시키기 위해 시장에서 제품들을 사고파는 (따라서 상품이 되는) 과정이 필요한 사회적 경제가 형성되는 것을 뜻한다. 자본주의란, 인간 노동의 산물들뿐만 아니라 인간의 노동력 자체가 상품이 되는 상품 생산의 발전 단계를 의미한다. 그러므로 자본주의의 역사적 발전에 있어서는 두 가지 특징이 중요하다. 첫째는 직접 생산자들의 자연경제가 상품경제로 변화하는 것이고, 둘째는 상품경제가 자본주의 경제로 변화하는 것이다. 첫 번째 변화는 사회적 분업——산업의 오직 한 분야에 종사하던 고립되고 분리된 생산자들의 전문화(주의: 이는 상품경제의 본질적 조건이다)——의 등장으로 말미암은 것이다. 두 번째 변화는 시장을 위해 각자 스스로 상품을 생산하는 독립된 생산자들이 서로와의 경쟁에 진입한다는 사실에서 비롯된다. 각자가 가장 높은 가격에 물건을 팔고 가장 낮은 가격에 물건을 구입하려 애쓰게 되면, 강자는 더 강해지고 약자는 파산하며 소수는 부유해지는 반면 다수는 몰락하는 것이 필연적인 결과다. 이는 독립적인 생산자들이 임금노동자로 전환하게 되고, 다수의 소기업들이 소수의 대기업들로 전환하는 결과로 이어진다. 따라서 도형은 자본주의 발전의 이러한 특징들과 그 발전이 시장의 차원, 즉 상품으로 전환되는 생산품의 양에서 발생시키는 변화들을 보여주는 방향으로 그려져야 한다.

다음에 등장할 표[8]는 이러한 방침에 따라 그려진 것이다. 앞서 언급한 자본주의 발전의 그러한 유일한 특징들이 시장에 끼친 영향을 분석하기 위해 외부적으로 발생한 상황들은 모두 상수로 간주해(예를 들어 인구의 규모, 노동생산성과 기타 많은 것들) 걸러냈음을 일러둔다.

이제 6명의 생산자들로 구성된 공동체의 경제 시스템에서의 연속적인 변화들을 보여주는 표를 분석해보도록 하자. 표는 자연경제가 자본주의 경제로 변화하는 6가지 시기별 단계들을 나타내준다.

첫 번째 시기. 6명의 생산자들이 있고, 각자는 모두 3개의 산업 분야(a, b, c)에서 자신의 노동을 쏟아붓는다. 그렇게 얻은 생산품은(각 생산자당 9: a+b+c=9) 생산자마다 각자의 가족을 위

---

8   142~3쪽의 표.—편집자

해 소비된다. 따라서 이는 생산품이 시장에 전혀 모습을 드러내지 않는 순수한 형태의 자연경제라 할 수 있다.

두 번째 시기. 생산자 I은 자신의 노동생산성을 변화시킨다. 그는 b 산업을 떠나 예전에 거기서 쏟던 시간을 e 산업에 할애한다. 한 생산자에 의한 이런 전문화의 결과로, 다른 생산자들은 e의 생산을 줄인다. 생산자 I이 자신이 소비하는 것보다 더 많은 양을 생산하기 때문이다. 그리고 그들은 생산자 I이 쓸 제품을 생산하기 위해 b의 생산을 늘린다. 이렇게 등장한 분업은 필연적으로 상품 생산으로 귀결된다. 즉 생산자 I은 Ic를 팔고 Ib를 사며, 다른 생산자들은 Ib를 팔고 Ic를 사들인다(다섯 명이 각자 5분의 1b씩 팔고 5분의 1c씩 사들인다). 생산품의 양은 6의 가치로 시장에 나온다. 시장의 크기는 사회적 노동의 전문화 정도에 정확히 일치한다. 즉 전체 사회적 생산의 9분의 1인(18c(=a=b) 하나의 c(1c=3)와 하나의 b(1b=3)의 생산에서 전문화가 일어났고, 전체 사회적 생산물의 9분의 1이 시장에 나온 것이다.

세 번째 시기. 분업이 더욱더 진행되면서 b 산업과 c 산업 분야를 완전히 포괄하게 된다. 세 명의 생산자들은 전적으로 b 산업에만 종사하고, 다른 세 명의 생산자들은 e 산업에만 종사한다. 각각은 Ic(또는 Ib), 즉 3개의 가치를 판매하고 3개의 Ib(또는 Ic)를 구매한다. 이러한 분업의 증가는 시장의 확대로 이어져, 이제 18개의 가치가 시장에 등장하게 된다. 다시, 시장의 크기는 사회적 노동의 전문화(=분업) 정도와 정확히 일치한다. 사회적 생산의 3분의 1인 3b와 3c의 생산에서 전문화가 일어났고, 사회적 생산품의 3분의 1이 시장에 나온다.

네 번째 시기는 이미 자본주의 생산을 나타낸다. 상품이 자본주의 생산으로 전환하는 과정은 표에 나와 있지 않고, 따라서 별도로 서술돼야 할 것이다.

전 시기에 각각의 생산자는 이미 상품 생산자다(우리가 논의 중인 유일한 산업들인 b와 c 영역에서). 각각의 생산자는 다른 생산자들과는 별개로 스스로 독립적으로 시장을 위한 제품을 생산하며, 서로는 당연히 상대방의 생산 규모를 알지 못한다. 공동의 시장을 위해 일하는 고립된 생산자들 사이의 이러한 관계는 경쟁이라 불린다. 이러한 상황에서는 오직 일련의 파동에 의해서만 생산과 소비(공급과 수요)의 균형이 이뤄진다는 건 새삼 말할 필요가 없다. 보다 숙련되고 진취적이며 강력한 생산자는 이런 파동의 결과로 훨씬 더 강해질 것이며, 약하고 숙련되지 못한 생산자는 그들에 의해 분쇄될 것이다. 소수의 개인들이 부유해지고 다수가 가난해지는 것은 경쟁 법칙의 필연적인 결과다. 이는 결국 몰락한 생산자들이 경제적 독립을 상실하고 규모가 커진 운 좋은 경쟁자들의 사업체의 임금노동자가 되는 것으로 끝을 맺는다. 이것이 바로 표에서 묘사된 상황인 것이다. 과거에 모두 6명의 생산자들 사이에 나뉘어 있던 b와 c 산업 분야는 이제 2명의 생산자들 손아귀에 집중되게 된다.

142

표 해설

Ⅰ, Ⅱ …… Ⅵ는 생산자들이고, a, b, c는 산업 분야(예를 들어 농업, 제조업, 추출 산업)를 가리킨다.

a=b=c=3이다. 생산물 a=b=c의 가치 규모는 3이며, 그 중 1은 잉여가치다.[*]

세로줄 '시장'은 판매된(그리고 구매된) 생산물 가치의 규모를 나타낸다. 괄호 안의 수치들은 판매된(그리고 구매된) 노동력 가치의 규모(=l.p.)를 나타낸다.

하나의 생산자에서 다른 생산자로 이어진 화살표는 후자를 위한 임금 노동자를 나타낸다.

자본가가 잉여가치 전부를 비생산적으로 소비하는 단순재생산을 가정한다.

[*] 레닌주 불변자본을 대체하는 가치의 일부는 변하지 않는 것으로 간주되고, 그래서 무시된다.

생산	생산				자연 소비
	산업 분야			합계	
	a	b	c		
1. Ⅰ	a	b	c	9	9
Ⅱ	a	b	c	9	9
Ⅲ	a	b	c	9	9
Ⅳ	a	b	c	9	9
Ⅴ	a	b	c	9	9
Ⅵ	a	b	c	9	9
합계	6a	6b	6c	54	54
3. Ⅰ	a	—	2c	9	6
Ⅱ	a	2b	—	9	6
Ⅲ	a	—	2c	9	6
Ⅳ	a	2b	—	9	6
Ⅴ	a	—	2c	9	6
Ⅵ	a	2b	—	9	6
합계	6a	6b	6c	54	36
5. Ⅰ	2a	—	6c	24	11
Ⅱ	1/2 a	—	—	1 1/2	1 1/2
Ⅲ	1/2 a	—	—	1 1/2	1 1/2
Ⅳ	2a	6b	—	24	11
Ⅴ	1/2 a	—	—	1 1/2	1 1/2
Ⅵ	1/2 a	—	—	1 1/2	1 1/2
합계	6a	6b	6c	54	28

| 시장 | | 생산 | 생산 | | | 합계 | 자연소비 | 시장 | | |
판매	구매		a	b	c			판매	구매	
−	−	I	a	−	2c	9	6	3	3	2.
−	−	II	a	6/5 b	4/5 c	9	8 2/5	3/5	3/5	
−	−	III	a	6/5 b	4/5 c	9	8 2/5	3/5	3/5	
−	−	IV	a	6/5 b	4/5 c	9	8 2/5	3/5	3/5	
−	−	V	a	6/5 b	4/5 c	9	8 2/5	3/5	3/5	
−	−	VI	a	6/5 b	4/5 c	9	8 2/5	3/5	3/5	
−	−	합계	6a	6b	6c	54	48	6	6	
3	3	I	a	−	6c	21	10	11	3 (+8 l.p.)	4.
3	3	II	a	−	−	3	3	(4 l.p.)	4	
3	3	III	a	−	−	3	3	(4 l.p.)	4	
3	3	IV	a	6b	−	21	10	11	3 (+8 l.p.)	
3	3	V	a	−	−	3	3	(4 l.p.)	4	
3	3	VI	a	−	−	3	3	(4 l.p.)	4	
18	18	합계	6a	6b	6c	54	32	22 (+16 l.p.)	22 (+16 l.p.)	
13	3 (+10 l.p.)	I	6a	−		18	6	12	6 (+6 l.p.)	6.
(5 l.p.)	5	II		−		−	−	(6 l.p.)	6	
(5 l.p.)	5	III	−	6b		18	6	12	6 (+6 l.p.)	
13	3 (+10 l.p.)	IV	−	−		−	−	(6 l.p.)	6	
(5 l.p.)	5	V	−	−	6c	18	6	12	6 (+6 l.p.)	
(5 l.p.)	5	VI	−	−	−	−	−	(6 l.p.)	6	
26 (+20 l.p.)	26 (+20 l.p.)	합계	6a	6b	6c	54	18	36 (+18 l.p.)	36 (+18 l.p.)	

나머지 생산자들은 더 이상 자신의 노동의 결과물 전체를 받지 못하고, 고용주가 무단으로 가져가버린 잉여가치를 뺀 나머지를 받는 임금노동자들이다(추정하건대, 잉여가치는 생산물의 3분의 1에 해당하고, 따라서 2b(=6)의 생산자는 고용주로부터 3분의 2, 즉 4를 받게 된다. 그 점을 상기하기 바란다). 그 결과, "분업이 증가하고, 다수"가 빈곤에 처해 있다는 사실에도 불구하고 시장은 성장을 거듭해 이제 22만큼이 시장에 나오게 된다. (부분적으로) 임금노동자가 된 생산자들은 더 이상 9개의 결과물 전체를 받지 못하고, 독자적인 활동(농업-a 산업)으로 얻은 3과 임금노동으로(2b 또는 2c의 생산으로) 얻은 4를 합쳐 7만큼만 받게 된다. 이제 독립적인 주인에서 더욱더 멀어져 임금노동자에 더 가까워진 이들 생산자들은 자신의 노동으로 생산한 결과물을 시장에 내다놓을 기회를 상실해버렸다. 몰락으로 인해 제품을 만드는 데 필요한 생산수단을 빼앗겨버렸기 때문이다. 이제 그들은 "외부 고용"에 의존해야 하는 처지가 됐다. 즉 자신의 노동력을 시장에 내놓고, 이 새로운 상품의 판매로 얻은 돈을 가지고 자신들이 필요로 하는 제품을 사야 하는 것이다.

표에서는 생산자 II, III, V, VI가 각각 4의 가치에 해당하는 노동력을 팔아 같은 양의 소비품을 구매한다는 걸 보여준다. 자본주의 생산자들인 I과 IV와 관련해서는, 그들 각각은 21의 가치에 해당하는 제품을 생산해 그 중 10을 직접 소비하고[3(=a)+3(=c 또는 b)+4(2c 또는 2b로부터 얻은 잉여가치)] 11을 판매하며, 3(c 또는 b)+8(노동력)만큼의 상품을 사들인다.

이 경우 우리는 사회적 노동의 전문화 정도(합계 30에 달하는 5b와 5c의 생산이 전문화되었다)와 시장 규모 사이에 완전한 일치가 이뤄지지 않는다는 사실을 목격하게 된다. 그러나 표에 나타난 이러한 잘못은 우리가 축적이 이뤄지지 않는 단순재생산을 가정했기 때문이다.9 노동자들로부터 가져간 잉여가치가 (자본가 한 명당 4) 모두 현물로 소비되는 것도 그런 이유에서다. 그러나 자본주의 사회에서 축적이 없다는 건 불가능하기 때문에, 이후 적절한 수정이 이뤄지게 될 것이다.

다섯 번째 시기. 상품 생산자들의 분화가 농업(a)으로까지 확산된다. 임금노동자들은 타인의 사업체에서 주로 일하기 때문에 자신들의 농사를 계속 유지할 수 없고, 그래서 몰락해간다. 그들은 자신의 농사 중 그나마 남아 있는 약 절반 정도에 불과한 부분만을 유지하게 되는데(그것으로 가족들의 필요를 충당하기에 딱 적당하다고 가정하자), 이는 막대한 수의 이 나라 "농업 종사자들"이 현재 경작하고 있는 토지가 독립적인 농업의 아주 보잘것없는 일부밖에 안 된다는 사실과 정확히 일치한다. a 산업이 극소수의 대규모 사업체들로 집중되는 현상은 위와 정확히 유사한 방식으로 시작된다. 이제 임금노동자들이 재배하는 곡식이 그들이 필요로 하는 양을 충족시키기에도 부족하기 때

9   레닌주 이는 다섯 번째와 여섯 번째 시기에도 적용된다.

문에, 그 동안 그들이 독자적으로 농사를 지어온 덕분에 낮게 유지되던 임금은 올라가고 노동자들에게는 (비록 그들이 주인일 때 소비하던 것보다는 적은 양이긴 하지만) 곡식을 살 돈이 주어진다. 이제 노동자는 1과 2분의 1(=1/2a)을 생산하고 1을 구매해, 예전의 3(=a)이 아닌 2와 2분의 1을 가져간다. 기존의 사업체에다 확대된 농업까지 보태게 된 자본가 주인들은 이제 각자 2a(=6)를 생산해, 그 중 2를 임금의 형태로 노동자들에게 주고, 1(1/3a)을 잉여가치로 가져간다. 이 표에서 묘사된 자본주의 발전은 '인민들'의 '빈곤화'와 이제 26만큼이 쏟아져나오게 된 시장의 성장을 동반한다. 다수의 생산자들의 경우 '농업의 퇴조'는 농산물 시장의 수축이 아니라 확대를 불러오게 되었다.

여섯 번째 시기. 직업의 전문화. 즉 사회적 분업이 완성된다. 산업의 모든 분야가 분리되고, 개별 생산자들의 전문화가이뤄졌다. 임금노동자들은 자신들의 독자적인 농장을 완전히 잃어버린 채 전적으로 임금노동에 의지해 생계를 이어가게 되었다. 여기서 우리는 똑같은 결과를 얻게 된다. 자본주의의 발전(혼자 힘으로 짓던 독립적 농업은 완전히 제거되었다), "다수의 빈곤화"(노동자들의 임금은 올라갔지만 그들의 소비는 6A에서 6으로 감소했다. 그들은 각자 9(3a, 3b, 3c)를 생산하고 주인들에게 잉여가치로 3분의 1을 넘겨준다), 그리고 이제 사회적 생산물의 3분의 2가 쏟아져나오게 된 시장이 한층 성장하게 된 것이 바로 그것이다.

VI

이제 앞의 표로부터 결론을 이끌어내보도록 하자.

첫 번째 결론은 '시장'이라는 개념이 마르크스의 표현을 빌리자면 "모든 상품 생산의 보편적 기초"인 사회적 분업이라는 개념과 절대 분리될 수 없다는 것이다. '시장'은 사회적 분업과 상품 생산이 등장하는 곳에서, 그리고 그 결과로 생겨난다. 시장의 규모는 사회적 노동의 전문화 정도와 불가분의 관계로 연결되어 있다.

"그것(상품)은 화폐로 전환되지 않고서는 사회적으로 인정되는 보편적인 등가물의 속성을 획득할 수 없다. 하지만 그 화폐는 누군가의 주머니에 있다. 화폐를 그 주머니 밖으로 유인하기 위해서 무엇보다도 우리 친구의 상품은 화폐 소유자에게 사용가치여야만 한다. 그러려면 상품에 쏟아부은 노동력은 사회적으로 유용한 종류의 것이어야 하고, 사회적 분업의 한 부분을 구성하는 게 필요하다. 그러나 분업은 자연발생적으로 자라난 생산 시스템이고, 생산자들의 등 뒤에서 성장을 계속하고 있다. 교환되는 상품은 아마도 새로이 생겨난 요구 조건들을 충족시키거나 심지어 새로운 요구 조건들을 스스로 발생시키는 척하는 어떤 새로운 부류의 노동의 산물일지 모른다. 하나의 특정한 활동은, 비록 어제는 어떤 특정한 상품을 만들어내기 위해 한 사람의 생산자가 행한 수많은 활동 중 하나였을지 몰라도, 오늘은 그런 관계로부터 스스로 분리돼 독립적인 노동의 한 부문으로 자리 잡은 채 자신의 불완전한 생산물을 하나의 독립적인 상품으로서 시장에 내보내게 될 수도 있다."[10](강조는 저자)

따라서 자본주의 사회에서 시장 발전의 한계는 사회적 노동의 전문화 한계에 따라 정해진다. 그러나 이러한 전문화는 바로 그 본질상 기술 발전만큼이나 그 한계가 무한하다. 한 예로 전체 생산물의 일정 부품을 제조하는 데 있어 인간 노동의 생산성을 끌어올리기 위해서는 그 부품의 생산이 전문화되어야 하고, 대량 생산이 개입돼 기계의 활용 등이 허용(그리고 발생)되는 특별한 제품이어야 한다. 그것이 한 측면이라면, 다른 한 측면은 자본주의 사회에서 기술의 진보는 노동의 사회화로 이루어지고 이런 사회화는 반드시 생산 과정의 다양한 기능들에서의 전문화, 즉 이런 생산에 관련된 모든 시설에서 따로따로 반복되는 분산적이고 고립적인 기능들로부터 사회 전체의 요구를 충족시키기 위해 계산된 하나의 새로운 시설에 사회적 기능들이 집중되는 방향으로의 전환을 요구한다는 점이다. 여

---

10 마르크스, 『자본』, 1권, 모스크바, 1959년, 106쪽.—원서 편집자

기서 하나의 사례를 인용해보겠다.

"최근 미국에서는 목공 공장들이 점점 더 전문화되고 있다. '예를 들어 도끼 자루, 빗자루, 펼침탁자 등만을 제조하는 신규 공장들이 우후죽순처럼 생겨나고 있다. …… 기계 제작은 꾸준히 발전을 거듭하고 있으며, 새로운 기계들이 계속 고안돼 생산의 일부를 단순화하고 비용을 낮추고 있다. …… 한 예로, 가구 제작의 전 분야는 특수 기계와 전문 노동자들을 필요로 하는 사업이 되었다. …… 마차를 제작할 때 바퀴 테두리는 특수 공장들(미주리, 아칸소, 테네시)에서 만들어지고, 바퀴살은 인디애나와 오하이오에서 제작되며, 중심축은 켄터키와 일리노이에 있는 특수 공장들에서 만들어진다. 이런 각각의 모든 부품들은 바퀴 전체를 전문적으로 제조하는 공장들이 사들인다. 따라서 싸구려 탈것을 만드는 데 수십 개의 공장들이 참여하는 셈이다."(트베르스코이, 「미국의 10년」, 베스트니크 예브로피, 1893년, 니콜라이-온 [Nikolai-on]II의 책 91쪽 각주 1에서 인용)

이는 자본주의 사회에서 사회적 노동의 전문화가 불러온 시장의 성장은 모든 자연 생산자들이 상품 생산자가 되는 순간 멈출 수밖에 없다는 주장이 얼마나 잘못된 것인지를 보여

II 니콜라이-온은 1880~90년대 자유주의적 인민주의 이론가 중 한 사람인 N. F. 다니엘손(Danielson)의 필명이다. 여기서 인용한 니콜라이-온의 책은 1893년 상페테르부르크에서 출간된 『개혁 이후의 사회적 경제에 관한 개요』라는 제목의 책이다.―원서 편집자

준다. 러시아의 마차 제작이 상품 생산이 된 건 오래전 일이지만, 바퀴 테두리는 여전히 각각의 마차 제조업자의(또는 수레바퀴 제조 목수의) 작업장에서 만들어진다. 기술 수준은 낮고, 생산은 수많은 생산자들 사이에 분산돼 있는 것이다. 기술적 진보는 다른 생산 부품들의 전문화와 사회화, 그리고 결과적으로 시장의 확대를 수반해야만 한다.

이 대목에서 바로 다음과 같은 의구심이 제기되지 않을 수없다. 방금 말한 모든 것들은 자본주의 국가가 해외 시장 없이는 존재할 수 없다는 명제를 부정하는 의미를 담고 있는 건절대 아니다. 자본주의 생산에서 생산과 소비의 균형은 오로지 일련의 파동에 의해서만 달성된다. 생산 규모가 더 크고 그것이 기여하는 소비자 폭이 더 넓을수록, 파동은 더 격렬해진다. 그러므로 부르주아 생산이 높은 수준의 발전에 도달하게되면, 그것은 더 이상 민족국가의 경계 안에 머무를 수가 없게된다는 사실은 이해가 될 것이다. 경쟁은 자본가들로 하여금계속해서 생산을 확대하고 대량으로 생산품을 내다 팔 해외시장을 찾아 나서도록 충동질한다. 자본주의 국가가 해외 시장을 보유해야만 한다는 사실은, 상품경제하에서 시장은 사회적 분업의 단순한 표현에 지나지 않으며 따라서 분업만큼이나무한대로 성장할 수 있다는 법칙에 거의 위배되지 않는다. 위기가 가치 법칙에 거의 위배되지 않듯이 말이다. 그러나 이 나라 자본주의 생산의 특정 부문들(예를 들어 면직업)이 완전한 발전에 도달하고 전체 국내 시장을 거의 포괄하며 몇몇 거대 기업에만 집중될 때, 그제야 비로소 러시아의 문헌들에서는 시장에 대한 비탄의 소리가 등장하기 시작했다. 시장에 관한 부질없는 이야기와 '물음들'의 물질적 토대가 이 나라의 대규모 자본주의 산업의 이해관계와 정확히 일치한다는 걸 가장 잘 증명해주는 건, 수공업 생산품들이 가치로 따지면 모두 합쳐 10억 루블이 넘고 바로 그 가난한 '인민들'에게 일용품을 제공해줌에도 불구하고 문헌에서 그 누구도 '시장'의 실종 때문에 이 나라 수공업이 몰락하게 될 거라는 예견을 내놓지는 않는다는 사실에 있다. 시장이 부족해 이 나라 산업이 몰락했다며 통곡하는 건 자본가들의 속이 빤히 들여다보이는 술책에 불과하다. 그들은 그런 식으로 정책에 압력을 가하고, 자신들의 주머니 속 이익을 '국가'의 이익과 동일시하며(자신들의 '무능'에 대한 겸손한 고백이다), 정부로 하여금 식민지 정복에 나서게끔 만들고, 심지어 그런 '국가' 이익을 보호하기 위해 전쟁에 끼어들게 한다. 바닥이 어딘지 모를 인민주의자들의 공상적 이상주의와 단순함이란 구멍은 시장에 대한 이러한 통곡을——입지를 확고히 다진 채 이미 자만에 빠져든 부르주아들의 악어의 눈물이다——러시아 자본주의의 '무능'의 증거로 받아들이는 데 요긴하다!

두 번째 결론은 (시장에 관한 모든 인민주의자들의 주장에서 절대 빼놓을 수 없는 핵심인) '인민 대중의 빈곤화'는 자본주의 발전을 저해하지 않을뿐더러, 오히려 정반대로 자본주의 발전의 표현이며 자본주의의 조건이자 그것을 강화해준다는 것이다. 자본주의는 '자유로운 노동자들'을 필요로 하며, 빈곤화는 소생산자들이 임금노동자로 전환된다는 것을 의미한다. 대중의 빈곤화는 소수 착취자들의 부의 축적을 동반하며, 소규모 사업체들의 몰락과 쇠퇴는 대규모 사업체들의 강화와 발전을 동반한다. 그리고 두 과정 모두 시장의 성장을 촉진하며, 과거에는 스스로 농사를 지어 생활했던 농민이 '가난에 빠져' 이제는 '소득', 즉 자신의 노동력을 팔아서 생활하는 걸 의미한다. 이제 그는 필수 소비품들을 (아무리 양이 적고 품질이 조악하다 할지라도) 직접 사서 써야만 한다. 반면 이 농민의 손을 떠난 생산수단은 소수의 손아귀에 집중돼 자본으로 전환되고, 생산품은 이제 시장에 모습을 드러낸다. 이것이 바로 개혁 이후 시대에 사는 이 나라 농민들이 겪은 대규모 재산 강탈이 러시아 총생산력의 감소가 아닌 증가[12]와 국내 시장의 성장을 동반해왔다는 사실에 대한 유일한 해명이다. 큰 공장들의 생산량과 작업량이 엄청나게 증가해왔으며 수공업이 상당 부분 확대되고——둘 다 주로 국내 시장을 대상으로 한다——국내 시장에서 유통되는 곡물의 양도 비슷하게 증가해왔다는(국내 곡물 거래의 발전) 것은 이미 알려진 사실이다.

　생산수단의 생산의 중요성에 관한 세 번째 결론은 표에서 수정이 요구되는 부분이다. 이미 언급한 바와 같이, 해당 표는 자본주의 발전의 전 과정을 묘사하는 게 아니라 자연경제가 상품경제로 대체되고 상품경제가 다시 자본주의 경제로 대체되는 과정이 시장에 어떤 영향을 미치는지를 보여주는 걸 목적으로 한다고 명시하고 있다. 표에서 축적이 무시되는 이유도 바로 거기에 있다. 그러나 실제로 자본주의 사회는 축적 없이는 존재할 수가 없다. 경쟁이 모든 자본가로 하여금 몰락을 각오하고서라도 생산을 확대하도록 강요하기 때문이다. 그 표는 그와 같은 생산 확대를 묘사하고 있다. 예를 들어, 세 번째 시기와 네 번째 시기 사이의 막간에 생산자 I은 c의 생산량을 2c에서 6c로 세 배 더 늘렸다. 그는 예전에는 자신의 작업장에서 홀로 일했으나, 이제는 두 명의 임금노동자를 고용하고 있다.

12 레닌주 이는 농업만을 놓고 보면 논쟁의 여지가 있는 지점일 수 있다. 예를 들어 니콜라이-온 선생은 "곡물 생산이 완전히 정체 상태에 있다"고 말한다. 그는 단 8년간(1871~8년)의 데이터에 기초해 그런 결론을 내렸는데, 8년이란 기간은 당연히 너무 짧기 때문에 좀 더 긴 시간에 걸친 데이터를 검토해보도록 하자. 1860년대의 통계(『군사 통계 초록』, 1871년)와 1870년대(니콜라이-온의 데이터)의 통계, 그리고 1880년대(『러시아 보고서』, 1890년)의 통계를 비교해보면 다음과 같다. 이 통계는 유럽 러시아 50개 주와 감자를 포함한 모든 작물들을 다루고 있다.

연평균	파종		수확		산출량 (배)	인구 (천 명)	
	1,000체트베르티 (씨앗은 제외)						
1864~6 (3)	71,696	100	151,840	100	3.12	61,421 (1867)	100
1871~8 (8)	71,378	99.5	195,024	128.4	3.73	76,594 (1876)	124.7
1883~7 (5)	80,293	111.9	254,941	167.8	4.71	85,395 (1886)	139.0

분명 그러한 생산의 확대는 축적 없이는 일어날 수 없다. 그는 여러 명을 수용할 수 있는 특수한 작업장을 지어야 하고, 생산도구들을 대규모로 확보해야 하며, 많은 양의 원자재를 구입해야만 하기 때문이다. b의 생산을 확대한 생산자 IV에게도 똑같은 사실이 적용된다. 개별 사업체의 이러한 확장과 생산의 집중은 필연적으로 자본가들을 위한 기계, 철, 석탄 같은 생산수단의 생산을 필요로 한다(별 차이는 없지만, 증가시킨다고도 할 수 있겠다). 생산의 집중은 노동생산성을 끌어올리며, 인력을 기계로 대체하고 일정한 수의 노동자들을 해고한다. 다른 한편으로, 자본가들에 의해 불변자본으로 전환돼 이제 가변자본보다 더욱 빠른 속도로 성장하기 시작한 기계와 여타 생산수단들의 생산에도 발전이 있었다. 한 예로 네 번째 시기와 여섯 번째 시기를 비교해보면, 생산수단의 생산이 50퍼센트 증가했다는 사실을 발견할 수 있을 것이다(네 번째 시기의 경우에는 불변자본의 증가를 필요로 하는 자본가 기업이 두 개였다면, 여섯 번째 시기에는 세 개였다). 이러한 증가를 소비품 생산의 증가와 비교해봄으로써 우리는 앞서 언급한 생산수단의 생산이 보다 더 급속히 증가했다는 결론에 다다른다.

　생산수단의 생산이 보다 더 급속히 증가한다는 이러한 법칙의 의미와 중요성은 인력을 기계 노동으로 대체하는 것이 생산수단 중에서도 진정한 생산수단이라 할 수 있는 석탄과 철생산의 급격한 발전을 요구한다는 한 가지 사실에서 찾을 수 있다. 저자가 이런 법칙의 의미를 이해하지 못하고 그 과정을 묘사해주는 공식들이 진정한 본질을 가리는 걸 허락했음은 다음의 진술에서 아주 분명해진다. "옆에서 볼 때 생산수단으로서의 생산수단의 생산은 완전히 터무니없어 보이지만, 플류시킨[13]이 돈 그 자체를 위해서 돈을 축적하는 행위도 아주 터무니없기는 마찬가지다. 둘은 모두 자신들이 무슨 짓을 하는지 모른다." 인민주의자들이 러시아의 자본주의가 인민들을 몰락시키면서도 더 높은 생산 구조를 제공하지 못하고 있다고 단언하며 그 부조리를 증명하려고 전력을 다 쏟고 있는 것도 정확히 그런 부분이다. 물론 그것은 동화 같은 이야기다. 기계노동이 인력을 대체하는 것은 전혀 "터무니없"지 않다. 정반대로 인간 기술의 혁신적인 역할은 바로 그 지점에 있다. 기술이 고도로 발전할수록 인간의 육체노동은 점점 설 곳을 잃고 갈수록 복잡해져가는 기계들에게 밀려나게 된다. 그 나라 총생산에서 기계와 그 제조를 위해 필요한 품목들이 훨씬 더 큰 위치를 점하게 되는 것이다.[14]

　이와 같은 세 가지 결론들에는 두 개의 추가 설명이 덧붙어야 한다.

　먼저, 앞서 말한 대목은 마르크스가 다음과 같이 이야기한 "자본주의 생산양식에서의 모순"을 부정하지 않는다. 그는 "상

13　N. V. 고골(Gogol)의 『죽은 혼』에 등장하는 인물. 돈에 인색한 지주인 플류시킨이라는 이름은 극단적인 탐욕의 전형이다.─원서 편집자

품의 구매자로서의 노동자들은 시장에서 중요한 존재다. 그러나 자본주의 사회는 자신이 지닌 상품——노동력——의 판매자로서의 그들을 최소 가격에 묶어두려는 경향이 있다"[15]고 말한 바 있다. 자본주의 사회에서는 소비품을 생산하는 사회적 생산의 일부도 마찬가지로 성장해야 한다는 사실은 앞서 드러난 바 있다. 생산수단의 생산의 발전은 앞에서 이야기한 모순을 단지 옆으로 밀어놓을 뿐, 없애주지는 않는다. 그것은 자본주의 생산양식 자체를 제거함으로써만 일소될 수 있다. 하지만 그러한 모순을 러시아에서 자본주의가 완전히 발전하는 데 있어서의 장애물로 여기는 것은(인민주의자들이 선호하듯이) 아주 어리석은 생각임이 분명하다. 그 부분에 대해서는 표에서 충분히 설명해주고 있다는 점만 덧붙여두자.

둘째로, 자본주의의 성장과 "시장"의 성장 사이의 관계를 논할 때 우리는 자본주의 발전이 필연적으로 산업 프롤레타

14 레닌 주 그러므로 당연히 자본주의의 발전을 폭과 깊이의 측면으로 나누는 것은 잘못이다. 전체적인 발전은 분업 때문에 진행되는 것이며, 두 가지 특징들 사이에 '본질적인' 차이란 존재하지 않는다. 하지만 실제로 둘 사이의 차이는 여러 가지 단계의 기술 진보로 요약된다. 낮은 단계의 자본주의 기술 발전——단순한 협업과 공장제 수공업——에서는 생산수단으로서의 생산수단의 생산은 아직 존재하지 않는다. 그것은 더 높은 단계——대규모 기계 공업——에 이르러서야 등장하고 엄청난 발전에 도달한다.

15 마르크스, 『자본』, 2권, 모스크바, 1957년, 316쪽, 각주 32번 참조.—원서 편집자

리아를 포함한 전체 인구의 요구 수준을 끌어올린다는 분명한 사실을 놓쳐서는 안 된다. 이러한 요구 수준의 상승은 대체로 상품 교환이 점점 더 빈번해짐으로 인해서 생겨나며, 그것은 다시 지리적으로 서로 다른 지역에 사는 도시와 시골 주민들 사이에 접촉이 보다 더 잦아지는 결과로 이어진다. 또한 그것은 산업 프롤레타리아가 떼 지어 모여드는 집중화 현상에 의해 초래되며, 이는 그들의 계급의식과 자존감을 강화해 그들로 하여금 자본주의 체제의 약탈적 경향에 맞서 성공적인 투쟁을 벌이는 걸 가능하게 만든다. 이러한 요구 수준 상승의 법칙은 유럽 역사에서 전면적으로 그 모습을 드러내왔다. 한 예로, 18세기 말과 19세기 말의 프랑스 프롤레타리아나, 1840년대[16]와 오늘날의 영국 노동자들을 비교해보기 바란다. 그리고 이러한 법칙은 러시아에서도 똑같이 작동된다. 개혁 이후 시대의 상품경제와 자본주의의 급속한 발달은 "농민층"의 요구 수준도 끌어올려, 그들은 "보다 깨끗한" 삶(의복, 주택 등)을 살기 시작했다. 명백히 진보적인 이런 현상은 다름 아닌 러시아 자본주의에 그 공을 돌려야 한다는 사실은 공업 소재지의 농민들이 자본주의의 손길이 거의 닿지 않는 시골에서 오로지 농

---

16 레닌 주 엥겔스의 『1844년 영국 노동계급의 상황*The Condition of the Working-Class in England in 1844*』을 참조할 것. 그들은 (글자 그대로의 의미에서) 가장 끔찍하고 비참한 빈곤 상태에 있었으며, 인간으로서의 존엄성을 완전히 상실한 상태였다.

업에만 종사하며 살아가는 농민들보다 훨씬 "더 깨끗한" 생활을 한다는 일반적으로 알려진 사실만으로도 입증된다. 물론 그러한 현상은 순저히 표면적이며 과시적인 "문명화"의 측면을 받아들이는 데서 주로, 그리고 쉽사리 나타난다. 그러나 V. V. 선생 같은 극악한 반동들은 그것을 비통해하며 거기에서 "퇴조" 말고는 아무것도 보지 못하고 있다.

VII

실제로 "시장 문제"가 무엇으로 이뤄져 있는가를 이해하기 위해서는 도형(A 영역의 자본가들과 W 영역의 직접 생산자들 사이의 교환을 보여주는)과 표(6명의 생산자들의 자연경제가 자본주의 경제로 전환하는 과정을 보여주는)에서 실증한 과정에 대한 인민주의자와 마르크스주의자의 개념들을 비교해보는 게 최선이다.

만약 우리가 도형을 선택한다면, 아무런 해명도 얻을 수 없다. 자본주의가 발전하는 이유는 무엇이고, 어디에서 비롯되는가? 그것은 일종의 "우연"에 해당되고, 자본주의의 출현은 "우리가 잘못된 경로를 선택"하거나 당국에 의해 "이식된" 때문인 것으로 되어버린다. 무슨 이유로 "대중은 빈곤해지는가"? 이 질문 역시 도형에 의해서는 답을 얻을 수 없으며, 인민주의자들은 대답 대신에 그 문제를 "신성한 체제"나 제대로 된 경로로부터의 이탈 같은 감상적인 문구로 처리해버리거나, "사회학의 주관적 방법론"같이 지어내기 딱 좋은 헛소리를 읊어댄다.

자본주의를 해명할 능력의 부족과, 현실을 연구하고 해명하기보다는 유토피아를 선호하는 자세는 자본주의의 의의와 힘을 부인하는 결과로 이어진다. 그것은 마치 성장을 위한 기운을 끌어올 바탕이 없는 구제불능의 병약자와 같다. 그리고 만약 그가 "생산수단으로시의 생산수단"을 생산함으로써[17] 발전을 이룰 수 있다고 한다면, 우리는 그의 상태가 무의미하고 거의 감지하기 어려울 정도만큼만 개선될 수 있을 거라는 소식을 전할 수밖에 없다. 그는 자본주의의 기술적 발전을 필요로 하는데, 우리에게 부족한 건 바로 그러한 발전이라는 사실을 "우리는 목격한다." 그 자본주의는 나라 전체를 포괄해야 하지만, 우리는 "자본주의의 보편적 발전이 불가능하다"는 사실을 지켜보고 있다는 것이다.

하지만 우리가 표를 선택한다면, 자본주의의 발전이나 인민들의 빈곤화가 우연처럼 보이지는 않을 것이다. 그것들은 사회적 분업에 기초한 상품 생산의 성장에 필연적으로 수반되는 현상들이다. 시장의 문제는 완전히 해소되는데, 시장이 다름 아닌 분업과 상품 생산의 발현일 따름이기 때문이다. 이제 자본주의 발전은 가능성(문건의 저자가 기껏 입증한 게[18] 이 정도다)으로서뿐만 아니라 필연적인 것으로 인식되는데, 사회적 경제가 분업과 상품 형태의 생산에 기초하는 순간 기술적 진보는 필

---

17 레닌 주 다시 말해, 소규모 산업 단위를 대규모로 교체하고 기계 노동이 수작업을 축출함으로써.

18 레닌 주 다시 말해, 그가 생산수단 생산의 중요성을 적절히 이해하고 올바르게 평가했다면.

시 자본주의의 강화와 심화로 귀결될 수밖에 없기 때문이다.

이제 다음과 같은 의문이 생겨난다. '우리는 왜 두 번째 견해를 받아들여야 하는가? 무슨 기준으로 그것이 옳다고 할 수 있는가?' 하는 의문들 말이다. 그리고 그 답을 이야기하자면, 그것은 바로 동시대 러시아의 경제 현실에서 나타난 사실들에 의해서라고 대답할 수 있겠다.

표의 중심점은 상품에서 자본주의 경제로의 이행, 상품 생산자들이 자본가와 프롤레타리아로 분화되는 데 있다. 그리고 우리가 동시대 러시아의 사회·경제 현상들에 눈을 돌려본다면, 그 중 맨 먼저 눈에 들어오는 것은 바로 소생산자들의 분화다. 농민들을 예로 들어본다면, 한편에는 토지를 포기하고 경제적 자립을 상실한 채 프롤레타리아로 변해가는 다수의 농민들이 있는 반면, 또 한편에서는 지속적으로 작물 면적을 확대하고 개량된 농업 방식을 받아들이는 농민들도 발견할 수 있을 것이다. 농민들은 한편으로는 농장 재산(가축과 농기구)을 잃고 있는 반면, 다른 한편으로는 개량된 농기구를 확보하고 기계 등을 조달하기 시작하고 있다(V. V.의 「농민 농업에서의 진보적 경향들」을 참조할 것). 한편으로 그들은 자신들의 분여지를 매각하거나 임대해주면서 토지를 포기해가고 있는 반면, 다른 한편으로는 분여지를 임차하고 개인 소유 토지를 탐욕스럽게 사들이고 있다. 이 모두는 일반적으로 알려진 사실들이자[19] 아주 오래 전에 기정사실화된 부분이며, 그에 대한 설명은 우리의

"공동체" 농민들 역시도 부르주아와 프롤레타리아로 나누고 있는 상품경제의 법칙으로만 가능하다. 만약 마을의 수공업자들을 예로 든다면, 개혁 이후의 시기에 새로운 산업들이 생겨나고 예전 산업들은 더욱 급속히 발전했을(방금 언급한 농민층의 분화와 사회적 분업이 진전된 결과로)[20] 뿐만 아니라, 그에 더해 다수의 수공업자들은 점점 더 가난해져 경제적 독립을 상실한 채 극심한 빈곤으로 침몰한 반면 얼마 안 되는 소수는 다수의 희생을 토대로 부를 쌓아 막대한 양의 자본을 축적하고 원청업자로 변신하는 동시에 시장을 독점하게 됐으며, 그로 인해 결국엔 압도적 다수의 수공업 분야에서 자본주의적 대규모 가내 생산 시스템이 완전히 자리를 잡게 됐다는 사실을 발견하게 된다.

이 나라 소생산자들 사이의 이러한 양극화 경향의 존재는 자본주의와 대규모 빈곤화가 서로를 가로막는 것이 아니라 실제로는 서로가 서로를 조건 짓는다는 사실을 분명하게 보여주며, 자본주의가 이미 러시아 경제 생활의 주된 배경이 되고 있다는 사실을 반박의 여지 없이 입증해준다.

농민층의 해체라는 사실이 "시장의 문제"에 대한 답을 제시해준다고 말해도 전혀 모순되지 않는 건 바로 그런 이유에서다.

19 레닌 주 농민들 스스로는 이 과정을 "탈농민화"라는 아주 적절한 표현으로 부르고 있다.
20 레닌 주 니콜라이-온 선생이 이론적으로 저지른 가장 큰 실수 중 하나는 이러한 현상들을 간과하고 있다는 점이다.

또한 악명 높은 "시장 문제"에 관한 바로 그 (현재의) 설명방식은 수많은 불합리한 구석들을 감추고 있다는 점 역시도 지적하지 않을 수 없다. 흔히 거론되는 공식은 가장 믿을 수 없는 가정들, 즉 사회의 경제 시스템은 일부 집단——"지식인들"이나 "정부"——의 의지에 따라 구축되기도 하고 파괴될 수도 있다거나(자본주의는 발전"할 수 있을까", 러시아는 자본주의를 거쳐"야만 하는가", 마을 공동체는 유지"되어야만 하는가" 같은 그 밖의 질문들은 제기될 수 없다), 자본주의가 인민들의 빈곤화를 막아준다든지, 시장이 자본주의로부터 분리된 독립적인 존재이자 그 발전을 위한 특수한 조건이라는 가정들을 토대로 하고 있다.

따라서 이러한 불합리한 구석들이 고쳐지지 않는다면, 문제에 대한 답을 내릴 수가 없게 된다.

정말 "인민 대중이 가난에 처해 있고 점점 더 가난해지고 있는 이 시점에 러시아에서 자본주의가 발전할 수 있을까" 하는 질문에 대한 대답으로 누군가가 "물론 그럴 수 있지. 자본주의는 소비품 때문에 발전하는 것이 아니라 생산수단 때문에 발전하는 거니까"라 말한다고 상상해보자. 분명 그런 대답은 자본주의 국가의 총생산성이 주로 생산수단 때문에(즉 소비품보다는 생산수단 때문에) 증가한다는 아주 올바른 발상에 기초하고 있다. 그러나 그런 대답은 앞서의 질문에 대한 일말의 해결책도 제시하지 못한다는 사실 또한 아주 명백하다. 삼단논법에서 소전제가 옳아도 대전제가 터무니없다면 정확한 결론을

이끌어낼 수 없는 것처럼 말이다. 그런 대답은(반복해서 말하건
대) 자본주의가 발전해 나라 전체를 아우른 상태에서 보다 높
은 기술적 단계(대규모 기계 공업)로 넘어가고 있다는 걸 이미 진
제로 두고 있는 반면, 질문 자체는 자본주의의 발전과 소규모
생산이 대규모 생산으로 대체될 가능성에 대한 부정을 토대로
하고 있다.

　따라서 "시장 문제"는 "가능성"과 "필요성"에 대한 알맹이
없는 추측의 영역에서 굳건한 현실의 기반, 즉 러시아의 경제
질서가 어떠한 형태를 취하고 있고 다름 아닌 그러한 형태를
띠는 이유가 무엇인지를 연구하고 해명하는 영역으로 넘어가
야 한다.

　나는 이러한 명제가 구체적으로 어떤 데이터에 기초하고
있는지를 보여주기 위해 내가 갖고 있는 자료로부터 몇 가지
예들을 인용해보도록 하겠다.

　우선 소생산자들의 분화와 그들 사이에 빈곤화 및 (상대적
으로) 대규모 부르주아 경제가 생겨나는 과정이 발생하고 있다
는 사실을 실증하기 위해 유럽 러시아의 여러 주들에서 순전
히 농업에만 의지하는 세 개 군들의 데이터를 인용해보겠다.
타우리다 주의 드네프르 군과 사마라 주의 노보젠스크 군, 그
리고 사라토프 주의 카미신 군이 그 대상이며, 데이터는 젬스
트보 통계 초록에서 가져온 것들이다. 선택된 군들이 전형적이
지 않다는(농노제를 거의 경험하지 못했고 개혁 이후에야 주로 정주가

이뤄진 외딴 지역에서는 중심부에서보다 분화가 더 빨리 진행됐다), 혹시나 제기될지 모를 주장을 미연에 방지하기 위해 다음을 미리 일러둔다.

(1)전적으로 러시아인들로 구성되어 있으며(이주민 농장은 0.6퍼센트) 공동체 농민들이 거주하고 있다는 이유로 나는 타우리다 주의 주요 3개 군들 중에서 드네프르 군을 선택하였다.

(2)노보젠스크 군의 경우, 데이터가 오로지 러시아 (공동체) 인구만을 대상으로 하고 있고(「노보젠스크 군 통계 보고서」, 432~9쪽, 세로줄a를 참조할 것), 이른바 농장 농민들, 즉 공동체를 떠나 구입 또는 임차 토지에 별도로 정착한 농민들은 포함시키지 않고 있다. 자본주의 농업[21]의 직접적 대표 격인 그들을 포함시켰더라면 분화를 훨씬 더 잘 드러내 보여주었을 것이다.

(3)카미신 군의 경우 데이터는 오로지 대러시아 (공동체) 인구만을 대상으로 하고 있다.

초록에 등장하는 분류는——드네프르 군의 경우——가구당 작물 면적에 따른 것이며, 다른 군들의 경우에는 농사용 가축의 수에 따른 것이다.

---

21 레닌 주 실제로 2,294명의 농장 농민들이 123,252데샤티나의 경작 면적을 보유하고 있으며(즉 농민 한 사람당 평균 53데샤티나). 그들은 2,662명의 남성 노동자들(과 234명의 여성 노동자들)을 고용하고 있다. 보유한 말과 황소의 두수는 4만 마리가 넘으며, 상당수는 개량된 농기구들을 보유하고 있다. 「노보젠스크 군 통계 보고서」의 453쪽을 참조할 것.

경제력에 따른 농민 분류	드네프르 군					노브젠스크 군					카미신 군				
	가구 수	%	재배 면적(데시아티나)	%	가구당 재배 면적(데시아티나)	가구 수	%	재배 면적(데시아티나)	%	가구당 재배 면적(데시아티나)	가구 수	%	재배 면적(데시아티나)	%	가구당 재배 면적(데시아티나)
가난한 집단	7,880	40	38,439	11	4.8 ⎫ 10.9	10,504	37	36,007	8	3.4 ⎫ 7.75	9,313	54	29,194	20	3.1 ⎫ 5.7
중간 집단	8,234	42	137,344	46	16.6 ⎭	10,757	38	128,986	29	12 ⎭	4,980	29	52,735	35	10.6 ⎭
부유한 집단	3,643	18	150,614	46	41.3	7,014	25	284,069	63	40.5	2,881	17	67,844	45	23.5
합계	19,757,	100	326,397	100	17.8	28,275	100	449,062	100	15.9	17,174	100	449,062	100	8.7

가난한 집단은 토지를 경작하지 않거나 가구당 10데샤티나 미만의 작물 면적을 가진——드네프르 군의——가구들이 포함되며, 노보젠스크와 카미신 군에서는 가축이 없거나 한 마리뿐인 가구들이다. 드네프르 군에서 중간 집단은 10~25데샤티나의 작물 면적을 가진 가구들이 포함되며, 노보젠스크 군에서는 2~4마리의 농사용 가축을 보유한 가구, 카미신 군에서는 2~3마리의 농사용 가축을 보유한 가구들이 거기에 속한다. 부유한 집단은 25데샤티나 이상(드네프르 군)의 작물 면적을 보유한 가구들이나 네 마리(노보젠스크 군) 또는 세 마리(카미신 군) 이상의 농사용 가축을 보유한 가구를 말한다.

이런 데이터들로부터 아주 명백한 사실은 이 나라 농업과 공동체 농민들 사이에 진행되는 과정이 전반적인 빈곤화와 몰락이 아니라 부르주아와 프롤레타리아로 갈라지는 과정이라는 점이다. 상당수 농민들(가난한 집단)은——평균적으로 약 절반 가량——경제적으로 자립하지 못하고 있다. 그들은 이제 지역 농민 전체의 농업 중에서 극히 미미한 일부——작물 면적의 (평균) 약 13퍼센트——만을 차지하고 있으며, 가구당 경작 면적은 3~4데샤티나에 불과하다. 그 정도의 면적이 무엇을 의미하는지는 타우리다 주에서 이른바 "외부 고용"에 의존하지 않고 독자적인 농사만으로 생계를 이어가려면 한 농가가 17~18데샤티나[22]의 경작 면적을 보유하고 있어야 한다는 점을 지적하는 것으로 설명을 대신하겠다. 확실히 하위 집단의 구성원들은 이미 농사보다는 외부 고용을 통해, 즉 자신의 노동력을 팔아서 생계를 유지하는 측면이 훨씬 더 강하다. 그리고 이 집단의 농민들이 처한 상황을 특징적으로 보여주는 좀 더 구체적인 통계에 눈을 돌려보면, 정확히 해당 집단이 농업을 포기하고 자신들의 분여지를 임대해주며 작업에 쓸 농기구를 보유하고 있지 못해 다른 곳에서 일자리를 찾아야 하는 최대의 임시 고용층을 구성하고 있다는 사실을 알 수 있을 것이다. 이 집단의 농민들이 바로 농촌의 프롤레타리아를 대표하는 것이다.

그러나 다른 한편으로는 바로 그들 공동체 농민들 사이에 정반대의 성격을 지닌 또 다른 집단이 생겨나고 있다. 상위 집단 농민들은 하위 집단 농민들보다 7~10배나 더 큰 면적을 경작하고 있다. 한 가족이 농사만으로 별 탈 없이 살아가기 위해 필요로 하는 "정상적인" 경작 면적과 비교해보면, 그들이 경작하는 면적이(가구당 23~40데샤티나) 두 배에서 세 배 더 넓다는 사실을 발견하게 된다. 이러한 농민들은 이미 곡물을 거래해 소득을 얻기 위한 농업에 종사하고 있는 것이 분명하다. 그들은 상당한 저축을 해두고 그 돈을 농장과 농업 방식을 개선하는 데, 예를 들어 농기계와 개량된 농기구를 사들이는 데 사용한다. 일례로 노보젠스크 군 전체에서 가구의 14퍼센트가 농

---

22 레닌 주 사마라와 사라토프 주에서는 지역 주민들의 부유한 정도가 덜해 서 이보다 3분의 1 가량 더 낮을 것이다.

기구를 개량했는데, 상위 집단 농가에서는 42퍼센트가 농기구를 개량했으며(따라서 상위 집단 농민들은 개량된 농기구를 소유한 군 내 전체 가구들 중 75퍼센트를 차지한다) "농민층"이 소유한 전체 개량 농기구 가운데 82퍼센트가 그들의 수중에 집중되어 있었다.[23] 상위 집단의 농민들은 자신들의 노동력만으로는 더 이상 경작을 할 수 없어 고용된 노동력에 의존한다. 예를 들어 노보 젠스크 군에서 상위 농가의 35퍼센트는 고정적으로 임금노동자들을(수확철 같은 때만 고용되는 노동자들은 계산에 넣지 않았다) 고용한다. 이는 드네프르 군에서도 마찬가지였다. 간단히 말해, 상위 집단의 농민들은 의심할 여지 없는 부르주아 계층이었다. 오늘날 그들의 영향력은 (고리대금업자들과 '쿨락'들처럼) 다른 생산자들에 대한 약탈에 기반을 둔 게 아니라 독립적인 생산 체계[24]에 기초하고 있다. 농민층의 5분의 1밖에 차지하지 않는 이들 농민들의 수중에는 전체 경작 면적의 절반 이상이 집중되어 있다(세 개 군 모두의 전체적인 평균 면적을 따졌을 때 말이다). 만약 우리가 이들 농민의 노동(즉 수확)생산성이 땅을 파서 근근이 먹고 사는 하위 집단 프롤레타리아들의 생산성과는 비교도 할 수 없을 정도로 높다는 사실을 명심한다면, 곡물 생산의 주

---

23 레닌 주 해당 군 농민들은 모두 합쳐 5,724점의 개량 농기구를 보유하고 있다.

24 레닌 주 물론 이 역시도 독립 생산자들에 대한 약탈이 노동자들에 대한 약탈로 바뀐 것일 뿐이다.

된 원동력은 농촌 부르주아지라는 결론을 이끌어낼 수밖에 없다.

부르주아와 프롤레타리아로 갈라진 농민층의 이러한 분화가(인민주의자들은 이 과정에서 "대중의 빈곤화" 말고는 아무것도 보지 못한다) "시장"의 규모, 즉 **상품**으로 전환된 곡물의 비율에는 어떠한 영향을 끼쳤을까? 분명 그 비율은 상당한 폭으로 증가할 수밖에 없는데, 상위 집단 농민들이 소유한 곡식 중 상당한 양이 그들 자신이 필요로 하는 부분을 훨씬 뛰어넘어 시장으로 흘러들어간 반면, 하위 집단의 구성원들은 외부에서 일해 벌어들인 돈으로 부족한 곡물을 구입할 수밖에 없기 때문이다.

이 점에 관한 정확한 통계를 인용하기 위해서는 이제 젬스트보 통계 초록이 아닌 V. Y. 포스트니코프의 책 『남부 러시아의 농민 농업』으로 눈을 돌려야 할 것이다. 그는 젬스트보 통계 데이터를 활용해 타우리다 주의 주요 세 개 군(베르단스크, 메리토폴, 드네프르)에서의 농민 농업을 설명하고, 서로 다른 집단별로(작물 면적에 따라 (1)땅을 전혀 경작하지 않는 가구, (2)5데샤티나 미만을 경작하는 가구, (3)5~10데샤티나를 경작하는 가구, (4)10~25데샤티나를 경작하는 가구, (5)25~50데샤티나를 경작하는 가구, (6)50데샤티나 이상을 경작하는 가구, 이렇게 6개의 범주로 나뉜다) 그들의 농업을 분석하고 있다. 그리고 그는 집단별로 시장과의 관계를 연구하면서 각 농장의 경작 면적을 다음의 4개 구역으로 나누고 있는데, (1)파종을 위해 필요한 종자를 제공하는 농장 서비스 구역 (2)가족과 노동자들의 생계를 위한 곡물을 제공하는 식량 구역, (3)농사용 가축을 위한 사료를 제공하는 사료 구역, (4)마지막으로 상품으로 전환돼 시장에서 처분되는 생산물을 제공하는 상업 또는 시장 구역이 그것들이다. 오직 마지막 구역만이 현금 수입을 제공하는 반면, 다른 부문들은 현물, 즉 농가에서 소비되는 생산품만을 산출한다는 건 두말할 나위가 없다.

서로 다른 경작 면적을 보유한 농민 집단들의 각각의 땅 크기를 계산하면서 포스트니코프는 다음의 표를 제시하고 있다.

	경작 면적 100데샤티나 중				현금 소득		타우리다 주 3개 군 내		집단별 평균 재배 면적 (데샤티나)
	농장 서비스 부문	식량 부문	사료 부문	상업 부문	재배 면적 10데샤티나당	가구당	전체 재배 면적 (데샤티나)	상업 부문 (데샤티나)	
					(루블)				
5데샤티나 미만 경작	6	90.7	42.3	−39	−	−	34,070	−	3.5
5~10데샤티나	6	44.7	37.5	+11.8	3.77	30	140,426	16,815	8
10~25데샤티나	6	27.5	30	36.5	11.68	191	540,093	194,433	16.4
25~50데샤티나	6	17.0	25	52	16.64	574	494,095	256,929	34.5
50데샤티나 이상	6	12.0	21	61	19.52	1,500	230,583	140,656	75

그리고 표에 덧붙이는 주석은 다음과 같다.

　(1)끝에서 두 번째 세로줄은 포스트니코프가 제시한 게 아
니라 내가 직접 편집한 것이다.
　(2)포스트니코프는 상업 부문 전체에 밀을 심고 평균적인
산출량을 거둬들이며 평균가에 곡물을 내다 판다는 가정을 토
대로 현금 수입을 계산하고 있다.

우리는 이 데이터를 통해 농장이 클수록 상품의 성격을 더
강하게 띠고 판매를 위해 재배하는 곡물의 비율이 더 커진다
는 사실을 알 수 있다. 주요한 곡물 재배자라 할 수 있는 상위
두 집단의 농민들은(그들은 전체 작물 면적의 절반 이상을 보유하고
있다) 자신들의 전체 농업 생산물의 절반 이상을(52퍼센트와 61
퍼센트) 내다 판다.
　만약 농민층이 부르주아지와 프롤레타리아로 갈라지지 않
았다면, 달리 말해 경작 면적이 모든 "농민들" 사이에 "균등하
게" 분할됐다면, 그들 모두는 중간 집단(25데샤티나 미만을 경작
하는 가구들)에 속했을 것이고, 전체 곡물의 36퍼센트에 불과한
518,136데샤티나의 면적에서 생산되는 생산품만(1,439,267의 36
퍼센트는 518,136) 시장에 나왔을 것이다. 그러나 표에서 보듯이
오늘날엔 전체 곡물의 42퍼센트인 608,869데샤티나의 면적에
서 생산되는 생산품들이 시장으로 쏟아져나오고 있다. 따라서

"대중의 빈곤화", 40퍼센트에 달하는 농가들(10데샤티나 미만을 경작하는 가난한 집단)의 완전한 퇴조, 농촌 프롤레타리아의 형성은 90,000데샤티나[25]의 토지에서 생산된 상품들이 추가로 시장에 쏟아져나오는 결과로 이어졌다.

나는 농민층 분화의 결과물로서의 "시장"의 성장이 여기에만 국한된다는 이야기를 하려는 건 절대 아니다. 그것은 훨씬 더 멀리까지 영향을 미치고 있다. 예를 들어 우리는 농민들이 개량된 농기구를 확보하는 현상, 즉 자신의 저축을 "생산수단의 생산"으로 돌리는 현상을 지켜봐왔다. 그리고 곡물뿐만 아니라 또 다른 상품인 인간의 노동력도 시장으로 쏟아져나오는 것도 목격했다. 내가 그런 것들에 대해 언급하지 않은 이유는 오직 협소하고 특정한 목적, 즉 이곳 러시아에서 대중의 빈곤화는 실제로 상품과 시장경제의 강화로 이어지고 있다는 것을 보여주기 위해서다. 나는 언제 어디서나 상품 유통으로 맨 마지막에 가장 천천히 끌려나오는 것이 곡물 같은 생산품이기 때문에 의도적으로 그것을 선택했다. 그리고 내가 오로지 농촌 지역만을 예로 든 것도 바로 그런 이유에서다.

그럼 이제부터는 순수하게 공업 지역인 모스크바 주와 관련된 또 하나의 사례를 들어보도록 하겠다. 수공업에 관한 수많은 걸작 논문들이 담겨 있는 『모스크바 주 통계 보고서』의

---

25 레닌주 정확한 수치는 90,733데샤티나. 전체 경작 면적의 6.3퍼센트에 해당한다.

6, 7권에서는 젬스트보 통계학자들이 서술한 농민 농업 관련 내용이 등장한다. 나는 "레이스 산업"에 관한 논문에서 한 단락[26]을 인용하는 것에만 그칠 텐데, 거기에는 개혁 이후 시대에 농민 수공업이 특히나 급속하게 발전한 과정과 이유가 설명되어 있다.

레이스 산업은 1820년대에 포돌스크 군 보로노보 읍의 인접한 두 마을에서 생겨났다. "1840년대에 그것은 인근 마을들로 천천히 확산되기 시작했으나, 그다지 넓은 지역까지 퍼져나간 것은 아니었다. 하지만 60년대에 접어들면서, 특히 마지막 3, 4년 동안 인근 시골 지역으로 급속히 확산되었다."

현재 이 산업이 시행되고 있는 32개 마을들 중에서 1820년에 2개 마을, 1840년에 4개, 1860년대에 5개, 1870~1875년 7개, 1876~1879년 14개 마을이 레이스 산업을 시작했다.

해당 논문의 저자는 "이런 현상의 원인들, 즉 정확히 최근 몇 년 사이에 해당 산업이 그토록 급속히 확산된 원인들을 조사해보면, 한편으로는 그 시기 농민들의 생활 조건이 지독하게 악화된 반면, 다른 한편으로 주민들——그 중 일부는 전보다 더 나은 상황에 있다——의 요구 수준은 상당히 높아졌다는 사실을 발견할 수 있다"고 말한다.

이를 확증하기 위해 저자는 내가 표의 형태로 제시한 아래

---

26 레닌 주 『모스크바 주 통계 보고서』, 6권, II호, 경제 통계 항목, "모스크바 주의 수공업", 모스크바, 1880년.

의 데이터[27]를 모스크바 젬스트보 통계로부터 빌려오고 있다.

계속해서 그는 이렇게 말을 이어간다. "이 수치들은 해당 읍의 말, 소, 작은 가축의 전체 개체수가 늘어나고 있지만 이런 부의 증가가 특정 개인들, 다시 말해 두세 마리 이상의 말들을 소유한 가구들의 몫으로 돌아갔다는 명백한 증거다."

"결과적으로 소나 말 중 어느 것도 보유하고 있지 못한 농민들 수의 증가와 더불어 자신의 토지를 더 이상 경작하지 않는 농민들의 수도 증가하고 있다는 사실을 알 수 있다. 그들은 가축도 없고, 따라서 동물의 배설물로 만든 거름도 충분치가 않다. 땅은 이미 지력을 다했고, 경작할 가치가 없다. 굶주림을 피해 자신과 가족들이 먹을 식량을 얻기 위해서는 남성들이 일부 공업에 종사하는 것만으로는 부족하다. 예전에는 농장 일이 한가할 때 남성들이 그런 일을 하곤 했으나, 이제는 가족 중 다른 구성원들도 외부에서 일자리를 찾아야만 한다."

---

27 레닌주 나는 소의 분포에 관한 데이터를 생략하고(결론은 동일) 그 비율을 덧붙였다.

포틀스크 군 보르노보 읍

보르노보 읍	가구 수	수(數) 말	수(數) 소	남녀 100명당 말	남녀 100명당 소	남녀 100명당 소형 가축	말 보유 가구 수 없음	말 보유 가구 수 1필	말 보유 가구 수 2필	말 보유 가구 수 3필	말 보유 가구 수 4필 이상	보유 가구의 말의 수 1필	보유 가구의 말의 수 2필	보유 가구의 말의 수 3필	보유 가구의 말의 수 4필 이상	분여지 보유 가구 수 합계	분여지 경작방법 직접 경작	분여지 경작방법 노동력 고용	분여지 경작방법 경작 안함
1869년	1,233	1,473	1,472	22	22	30	276 22%	567 46%	298 24%	70 6%	22 2%	567 39%	596 40%	210 14%	100 7%	1,067	900 84%	92 9%	75 7%
1877년	1,244	1,607	1,726	25	27	38	319 26%	465 37%	313 25%	95 8%	52 4%	465 29%	626 39%	285 18%	231 14%	1,166	965 82.5%	5 0.5%	196 17%

176

"우리가 표에서 제시한 수치들은 무언가 다른 사실을 보여주었다. 해당 마을들에서는 두세 마리의 말이나 소를 보유한 사람들의 숫자도 증가했다. 그 결과 그 농민들의 부도 증가했으나, 동시에 '이러이러한 마을에서 모든 여성과 아이들이 공업에 종사한다'고도 우리는 말한 바 있다. 이것은 어떻게 설명될 수 있을까? …… 이런 현상을 설명하기 위해서 우리는 그런 마을들에서 어떤 식의 생활이 이루어지고 있는지를 들여다보고 그들의 가정 형편을 보다 자세하게 알아낸 다음, 아마도 시장에 내다 팔 상품들을 생산하게 만드는 이러한 강력한 욕구가 어디에서 비롯된 것인지를 확인해야만 할 것이다."

"물론 어떤 운 좋은 상황에서 농민 인구 가운데 보다 강력한 개인과 가족들이 점차적으로 생겨났는지, 어떠한 환경이 그들을 부유하게 만들었으며, 어떠한 사회적 조건들이 그들의 부를 급속히 늘리고 마을의 특정 부류로 하여금 다른 부류들과 뚜렷이 구분될 정도로 성장하게 만들었는지를 구체적으로 조사하는 작업을 여기서 멈추지는 않을 것이다. 이 과정을 추적하기 위해서는 농촌 마을에서 가장 일상적으로 벌어지는 일들 가운데 하나를 들여다보는 것만으로 충분하다. 마을에서 어떤 농민이 동료 주민들 사이에서 건강하고 힘세고 성실한 일꾼으로 평판이 자자하다고 치자. 그는 대부분 아들들로 구성된 대가족을 이끌고 있을 것이고, 자식들도 힘세고 건실한 걸로 정평이 나 있다. 그들 모두는 따로 분가하지 않고 다같이 모여 산다. 그들은 네댓 명당 하나의 분여지를 부여받는다. 물론 그걸 경작하기 위해 가족 구성원 모두의 노동이 필요한 건 아니다. 그래서 아들 중 두셋은 정기적으로 외부나 지역의 공장에서 일하다가 건초를 만드는 철에만 잠시 공장 일을 접고 밭에서 가족을 돕는다. 가족의 개별 구성원들은 자신의 소득을 따로 챙기지 않고 공동으로 모은다. 다른 상황이 뒷받침해주는 경우, 하나로 합친 수입이 가족이 필요로 하는 지출을 훨씬 초과한다. 그 결과 돈이 모이고, 가족은 더 나은 조건에서 공업에 종사할 수 있게 된다. 즉 원자재를 직접 현금으로 구매하고, 생산한 제품들을 값나갈 때 판매하며, 남녀 중개인들 같이 '노동 이외에 고용해야 하는 사람들'의 도움도 일체 건너뛸 수 있게 된다."

"(그들은) 한두 명의 노동자를 고용하거나, 독자적으로 어떤 일을 할 가능성을 상실한 가난한 노동자들에게 집안일을 맡기는 게 가능하게 된다. 이런 상황이나 이와 유사한 상황으로 인해 앞서 언급한 그 능력 있는 가족은 자신들의 노동력을 통해서 말고도 또 다른 이윤을 얻을 수 있게 된다. 물론 부농(쿨락)이나 고리대금업자라 알려진 개인들이 그런 가족들 중에서 생겨나는 경우에 대해서는 여기서 따로 이야기하지 않겠다. 우리는 농촌 인구들 사이에서 가장 흔하게 일어날 수 있는 상황을 검토하고 있는 것이다. 초록의 2권과 6권 1부에서 제시된 표들은 대부분의 경우 농민 중에서 어떤 한 부류의 상황들이 악화

됨에 따라 다른 소수 부류나 개인들의 부가 증가하고 있다는 사실을 분명히 보여준다."

"공장 일자리가 확산되고, 외부 세계와 도시, 이 경우에는 모스크바와의 교류가 점점 더 잦아질수록, 모스크바의 풍습들 가운데 일부가 점차 마을에 침투해 점점 더 부유해진 이들 가족과 맨 먼저 맞닥뜨리게 된다. 그들은 사모바르[28]와 식탁 그릇, 컵을 사들이고, '좀 더 말쑥한' 옷을 입는다. 남자들이 천으로 된 신발 대신에 부츠를 신기 시작하고 여성들이 가죽 신발과 부츠를 신는 걸 최고의 자랑거리로 여기면서 이른바 말쑥한 옷차림이 형태를 갖춰가기 시작한다. 그들은 밝고 여러가지가 섞인 면직물과 스카프, 무늬가 많이 들어간 모직 숄과 장신구들을 선호한다."

"농가에서 아내가 남편과 자신, 그리고 아이들이 입을 옷을 만드는 건 '아주 오래된' 풍습이었다. …… 그들이 직접 아마를 키우는 한, 옷을 만드는 데 필요한 천과 기타 재료를 구입하는 데 돈이 덜 들어가고, 그 돈은 닭과 달걀, 버섯, 산딸기, 남는 실타래나 천 조각을 팔아서 마련된다. 나머지는 모두 집에서 만드는 것이다. 그 모든 품목들을 집에서 농가 여성들이 모두 만드는 상황과 그들이 밭일에서 자유로운 시간을 모두 그런 일에 쏟아붓는다는 사실은 현재 보로노보 읍내 마을들에

---

28 러시아에서 찻물을 끓일 때 쓰는 큰 주전자.—옮긴이

서 레이스 산업이 왜 그렇게 천천히 발전하는지를 설명해준다. 레이스는 집안의 모든 여성들이 아마포를 잣거나 천을 짤 필요가 없는 대가족이나 보다 잘사는 집안의 젊은 여성들이 주로 만든다. 그러나 값싼 옥양목이 점차 아마 섬유 제품을 몰아내기 시작하면서 또 다른 상황이 조성됐다. 아마 작황이 떨어지거나 아내가 남편과 자신을 위해 붉은 옥양목 셔츠와 좀 더 맵시 좋은 드레스를 만들고 싶어하게 되면서, 집에서 농민들의 의복으로 쓸 다양한 종류의 리넨 천과 스카프를 짜던 풍습이 점차 사라지거나 아주 제한적으로만 이뤄지게 된 것이다. 그리고 의복 자체도 변화를 겪게 되었는데, 거기엔 공장에서 만든 옷이 집에서 짠 옷을 대신하게 된 것도 부분적으로 한 몫을 차지했다."

"인구의 다수가 판매용 제품을 생산하기 위해 갖은 노력을 다 쏟고 심지어 아이들에게조차 그런 일을 시키는 이유가 바로 거기에서 설명된다."

주의 깊은 관찰자의 이와 같은 소박한 설명은 사회적 분업이란 과정이 농민 대중 사이에 어떻게 발생하고, 어떻게 토지의 상품 생산 강화 및 결과적인 시장의 강화로 이어졌는지, 그리고 생산자를 시장으로 이끌어내는 바로 그 관계 덕분에 상품 생산 자체가 노동력의 구매와 판매로 귀결돼 "가장 흔하게 일어나는 상황"으로까지 이어졌는지를 확실하게 보여준다.

VIII

결론적으로, 내가 생각하기에 추상적 개념과 도형, 그리고 공식에 너무 지나치게 비중이 실려 있는 논란의 쟁점을 명확히 하기 위해서는 "현재의 견해들" 가운데 가장 최근의 것이자 두드러진 대표적 견해 중 하나를 검토해보는 것이 의미가 있을 것이다.

바로 니콜라이-온의 견해 말이다.[29]

그는 러시아 자본주의의 발전에 있어 가장 큰 "장애물"이 국내 시장의 "축소"와 농민들의 구매력 "감소"라 여기고 있다. 그는 수공업의 자본주의화가 가정에서의 제품 생산을 몰아내 농민들이 자신의 의복을 사 입어야 하게 됐다고 말한다. 의복을 살 돈을 마련하기 위해 농민은 자신의 경작 면적 확대에 나서고, 분여지로는 충분치 않게 되자 합리적인 수준을 훨씬 뛰어넘어 농사를 확대하게 되었다. 그는 토지를 빌린 대가로 말

---

29 레닌 주 여기서 그의 저작 전체를 검토하려면 따로 책 한 권이 필요할 거라는 건 두말할 나위 없다. 따라서 그가 가장 즐겨했던 주장 가운데 하나만 짚어볼 수 있겠다.

도 안 되는 돈을 지불하게 되었고 결국 몰락해갔다. 스스로 자신의 무덤을 판 자본주의는 "인민경제"를 1891년의 끔찍한 위기로 이끌었고 …… 더 이상 빌 디딜 도대가 사라지고 "똑같은 경로를 따라 계속 걸어갈 수" 없게 되자 그대로 멈춰 서버렸다. "우리가 오랫동안 소중히 간직해온 인민들의 시스템에서 멀어졌다는 사실을 깨닫게 되면서, 러시아는 이제 …… 당국이 마을 공동체에 대규모 생산을 주입시키라는 명령을 내려주기를 기다리고 있다."

이렇게 (러시아 인민주의자들이 보기에) "새롭기 그지없는" 이론은 어디에 그 모순이 있는 걸까?

니콜라이-온은 "생산수단으로서의 생산수단의 생산"의 중요성을 이해하지 못하는 걸까? 물론 그렇지는 않다. 그는 그 법칙을 아주 잘 알고 있고, 심지어는 그 법칙이 이 나라에서도 작동되고 있다고 언급하기까지 했다.(186쪽, 203~4쪽) 그래서 스스로의 모순에 대해 자신을 꾸짖을 줄 아는 그의 능력에 비춰볼 때 그가 그 법칙을 깜빡한 탓이 크겠지만(123쪽 참조), 설령 그가 모순을 바로잡는다 하더라도 (위에서 인용한) 그의 핵심적인 주장은 전혀 바뀌지 않을 거라는 사실은 분명하다.

무엇보다 그의 이론의 불합리성은 이 나라 자본주의를 설명할 수 있는 능력의 부족과 순전히 허구에 기초해 주장을 펴고 있다는 사실에 있다.

니콜라이-온은 공장에서 생산된 제품들이 집에서 만들어

진 제품들을 몰아냄으로써 몰락하게 된 "농민층"을, 내부적으로 결합되어 있고 삶에서 벌어지는 모든 일들에 마치 한 사람처럼 반응하는 동질적인 존재로 여긴다.

그러나 현실에서는 그런 상황이란 존재하지 않는다. 생산 단위들(농가들)이 개별적으로 존재하지 않았다면 러시아에서는 상품 생산이 생겨날 수 없었을 테고, 실제로 각각의 농민들이 이웃들과 별개로 독자적인 농업을 수행한다는 사실은 누구나 알고 있다. 그는 그 자신만이 짊어질 위험을 무릅쓴 채 생산물의 생산을 담당하고, 그것을 자신의 개인 재산으로 만든다. 그는 자기 책임 아래 "시장"과의 관계로 진입하는 것이다.

그렇다면 이제 "농민층" 사이에 어떠한 문제들이 놓여 있는지를 살펴보도록 하자.

니콜라이-온은 "돈이 절실해진 농민은 자신의 경작 면적을 과도하게 늘림으로써 몰락하게 된다"고 말한다.

그러나 자신의 경작 면적을 늘릴 수 있는 건 오로지 잘사는 농민들뿐이다. 뿌릴 종자와 충분한 가축과 농기구를 가진 이들 말이다. 그런 농민들(그리고 우리가 알다시피 그들은 소수다)은 실제로 자신의 경작 면적을 늘리고, 고용된 노동자들의 도움 없이는 더 이상 어떻게 할 수 없을 정도로까지 농사를 확대한다. 하지만 다수의 농민들은 필요한 돈을 마련하기 위해 자신들의 농사를 확대할 수가 없다. 가축도, 충분한 생산수단도 없기 때문이다. 돈을 마련하기 위해서 그런 농민들은 "외부 고용", 즉 생산물이 아닌 자신의 노동력을 시장으로 가져간다. 당연히 집에서 멀리 떨어진 곳에서 일하다 보니 농사는 더욱더 쇠락하고, 결국 그는 자신의 분여지를 지역 사회의 부유한 이웃 농민에게 임대해주게 된다. 물론 그 이웃 농민은 자신이 빌린 분여지의 생산물을 직접 소비하지 않고 시장에 내다 판다. 이렇게 우리는 "인민의 빈곤화"와 자본주의의 성장, 그리고 시장의 확대를 목격하게 된다. 그러나 그게 전부가 아니다. 늘어난 농사에 눈코 뜰 새 없이 바빠진 부유한 농민은 더 이상 종전과 같이 자신의 필요만을 위해 생산에 임하지 않는다. 신발을 예로 들어보자. 이제 그는 신발을 구입하는 편이 더 유리하다. 가난해진 농민 역시도 신발을 사 신어야 하긴 마찬가지다. 그 농민은 신발이 없다는 단순한 이유만으로 자신의 농장에서 그 신발을 생산할 수는 없다. 그렇게 신발에 대한 수요가 생겨나고, 혁신적인 경향의 농업을 통해 V. V. 선생의 영혼에 감동을 안겨주었던 그 진취적인 농민이 다량으로 생산한 곡물도 (시장에) 공급된다. 인근의 수제 신발 제조업자들은 방금 서술한 농업 종사자들과 똑같은 입장, 즉 쇠락해가는 농장에서 생산되는 곡물이 너무 적어 그걸 구입하려면 생산을 확대해야만 하는 것과 똑같은 상황에 처해있음을 알아차리게 된다. 물론 여기서도 저축을 보유한 수공업자, 즉 소수를 대표하는 사람들만 생산을 확대할 수 있다. 그는 노동자들을 고용하거나, 집안일을 가난한 농민들에게 맡길 수가 있다. 하지만 다수의 수공업자들은 자신의 작업장을 늘릴 생각조차 품을 수가 없다. 그들은 돈을 가진 원청업자로부터 "일감을 얻을 수" 있다는 사실, 즉 자신이 가진 유일한 상품인 노동력을 구매할 사람을 찾았다는 사실에 안도한다. 다시 우리는 인민의 빈곤화와 자본주의의 성장, 시장의 확대를 목격하게 되고, 사회적 분업은 새롭게 탄력을 받아 한층 더 발전하고 강화된다. 이런 움직임의 끝은 어디일까? 누구도 거기에 대해 말할 수 없다. 그것이 어디에서 시작됐는지에 대해 아무도 말할 수 없는 것처럼 말이다. 그래서 결국 그건 중요치가 않다. 중요한 건 상품경제의 발달과 자본주의의 성장이라는, 단일하고 살아있는 유기적 과정이 우리 앞에 놓여 있다는 점이다. 시골 지역의 "탈농민화"는 이런 과정의 시작과 기원, 그 초기 단계들을 보여준다. 도시의 대규모 자본주의는 그 과정의 끝과 경향을 보여준다. 이런 현상들을 완전히 무시한 채 그것들을 따로따로 서로 독립적으로 검토하려고 시도해보라. 당신의 주장은 전혀 들어맞지 않게 될 것이고, 인민의 빈곤화든 자본주의의 성장이든 둘 중 어떤 현상도 제대로 설명할 수 없을 것이다.

하지만 대개 밑도 끝도 없는 주장들을 내놓으면서 그 과정을 설명할 수조차 없는 사람들은 자신들이 이해하지 못하는 (그래서 물론 "비판적 사고를 가진 개인의 발달된 도덕적 감각"과 모순되는) 현상들에 대해 "말도 안 된다"거나 "우연이다", 또는 "미해결 상태에 있다"는 말만 남긴 채 갑자기 연구를 멈춰버린다.

따라서 실제로 "미해결 상태에 있는" 것은 그들 자신의 주장들일 뿐인 것이다.

| 1893년 봄에 집필

1937년에 처음으로 《볼셰비키》 21호에 발표

옮긴이 후기

"아무 일도 일어나지 않은 수십 년이 있다. 그리고 수십 년이 (한꺼번에) 일어난 몇 주일이 있다."

러시아의 혁명가이자 공산주의 이론가이며, 2017년 한국에서 그 전집의 출간이 시작된 블라디미르 일리치 레닌이 남긴 것으로 흔히 알려진 이 두 문장은, 그 진위 여부와 상관 없이 지금으로부터 정확히 100년 전에 일어난 러시아 혁명 당시의 그 숨 가빴던 역사의 호흡과 무게를 전해주는 데 있어 더 이상 손색이 없다. 율리우스력으로 1917년 2월의 마지막 일요일, 러시아의 당시 수도 페트로그라드에서 여성 노동자들이 '빵과 평화'를 연호하며 식량 부족의 해결과 1차 대전의 종결을 요구하는 파업과 시위에 나선 그 순간부터 불과 일주일여 만에 300년 동안 나라를 지배해온 로마노프 왕조가 무너지던 날을 거쳐 노동자, 병사, 농민 들의 소비에트가 권력을 장악한 10월 혁명의 그날까지, 1917년 그해의 몇 주일 또는 몇 달은 실로 향후 수십 년간 온 세계를 뒤흔든 정치·사회·경제·문화적 대지진의 에너지를 고스란히 응축한 기간이었다.

물론 역사적으로 모든 혁명은 동시대 사람들에게 크나큰 충격을 던지는 동시에 마치 지진의 여진처럼 후대인들에게 그 울림을 고스란히 전달해주는 법, 만약 그렇지 않다면 거기에다 감히 혁명이라는 수식어를 붙일 수는 없을 것이다. 그러나 1917년 러시아 혁명 전의 혁명들, 예를 들어 영국(1688년)과 미국(1776년), 프랑스(1789년)의 부르주아 혁명들은 저 아래 땅속 깊은 곳에서부터 올라온 변화의 에너지가 미처 지표면에 가닿기도 전에 그 힘이 현저히 줄어들어 지배 권력과 착취의 공고한 성채에 작은 균열만 낸 채 점차 소멸되고 말았다. 번쩍이는 왕관을 쓴 국왕과 꽉 끼는 퀼로트 바지의 귀족, 수단을 치렁치렁 걸쳐 입은 성직자들이 물러간 자리를 실크햇에 양복을 빼입은 자본가들이 대신 차지하게 됐을 뿐, 정작 근본적인 변화를 원했던 분노한 자들의 희망은 모래를 움켜쥔 손처럼 금세 비어버리곤 했던 것이다.

　　그에 반해 러시아 혁명은 확연히 다른 차이를 빚어냈다. 인류 역사상 최초로 억압받는 다수가 국가 권력을 쟁취해냈을 뿐만 아니라, 그 혁명의 에너지가 지리적인 국경을 넘어 동유럽까지 직접적으로 전달되었으며, 그후 20세기 중후반까지 소멸되지 않은 채 유럽 전역과 아메리카, 아시아, 아프리카의 젊은 지성들을 혁명의 열정으로 휘감았던 것이다. 그렇다면 과연 그런 차이는 어디에서 비롯된 것이며, 그 바탕에 깔린 원동력은 무엇이었을까? 그리고 그렇게 수많은 이들의 기대와 열망

속에 비인간적인 자본주의 체제에 대한 대안으로 닻을 올린 혁명이 결국 비효율적인 관료주의와 정치적 억압체제로 급속히 변질되어간 이유는 또 어디에 있었을까? 이론의 문제였을까, 실천의 문제였을까? 아니면 레닌이 생전에 그토록 강조했던 '이론과 실천의 결합'의 부재 때문이었을까?

이러한 물음들에 대한 답을 얻기 위해 그간 전세계적으로 수많은 자료가 발굴되고 생물학적 해부에 버금가는 꼼꼼한 연구들이 진행되어왔으며, 그 결과물로 지금까지도 다양한 결론들이 쏟아져나오고 있다. 그리고 각자의 결론은 다를지언정 그런 연구와 논의 들의 중심에는 언제나 한 인물이 자리하고 있었으니, 그가 바로 레닌이다. 따라서 레닌이 진정으로 꿈꾸었던 혁명의 이상과 그 실현을 위해 내놓았던 여러 방법론들이나 구상들이 과연 무엇이었는지를 온전히 이해하지 못한 채 러시아 혁명을 논한다는 건 마치 설계도 한 번 들여다보지 않고 오로지 외관만으로 그 건물의 구조를 평가하려는 시도만큼이나 터무니없다. 1900년 7월 시작된 오랜 해외 망명 생활부터 1924년 사망에 이르기까지 서른 살 이후 그가 러시아 땅에 머문 기간은 고작 9년 남짓에 불과했지만, 러시아 혁명의 성공과 소비에트 연방의 수립, 더 나아가 그의 사후 수십 년이 지난 1991년 소비에트 연방의 붕괴에까지 가닿는 역사의 커다란 궤적은 레닌과 레닌주의의 자장을 한 순간도 벗어난 적이 없었다고 해도 결코 과언이 아닌 것이다.

그럼에도 그간 이 땅 대한민국에서는 레닌의 사상과 이론에 대한 대중적인 논의들이 군데군데 비어 있거나 마치 각자가 더듬어본 일부분만으로 코끼리의 전체 모습을 상상하는 맹인모상(盲人摸象)의 어리석음을 되풀이하지 않았나 하는 느낌을 지울 수 없었던 게 사실이다. 물론 그 일차적인 원인은 20세기가 거의 저물어갈 무렵까지도 사회주의 이론과 실천에 대한 일체의 연구와 토론 자체를 불온시하고 법률로 탄압했던 정치·사회적 상황에 있을 것이다. 극단적인 반공적 사고에 기초한 군부독재 정권의 공안기구들이 감시와 탄압의 눈을 부라리던 1980년대 초중반, 몰래 일본에서 들여온 레닌의 저서와 논문들의 조악한 번역본을 지하 자취방에서 돌려 읽고 토론을 벌이던 경험은 동시대 젊은 변혁적 지성들에게는 일종의 통과의례와도 같은 것이었다. 그러나 시대가 베푸는 그런 지적 세례는 어디까지나 대학이라는 과정을 거친 일부 선택된 청춘들에게만 국한된 것이었고, 정작 레닌이 혁명을 통해 역사의 주인공으로 세우고자 했던 노동자, 농민 같은 일반 대중들에게는 말 그대로 먼 나라 이야기에 지나지 않았다.

바로 그래서다. 아고라 출판사에서 레닌 전집의 출간을 시작한다는 이야기를 듣고 우선 반가움부터 앞섰던 것도, 그래서 그 길고 지난한 항해에 일개 선원이라 할 수 있는 여러 번역자들 중 한 사람으로나마 덥석 합류하겠노라 수락하고 나선 것도 말이다. 물론 전문적인 레닌 연구자도 아니고, 레닌의 그 수많은 논문과 저서 들을 처음부터 끝까지 독파한 적도 없기에 일말의 두려움이 없었던 것은 아니다. 그러나 그간 레닌을 몰랐던 독자들과 함께 하나씩 강독한다는 마음으로 번역 작업에 임하다 보니 어느덧 두려움은 점차 사라지고, 일종의 사명감 같은 것이 그 빈자리를 대신하는 걸 느끼게 된다. 그래서 이 책에서는 기본적으로 원문에 충실하되, 객관적인 사실 자료들을 잔뜩 나열하며 빙빙 에두르는 듯하다가 어느 순간 갑자기 정색을 하며 핵심에 다가가는 레닌 특유의 글쓰기 방식에 익숙지 않은 독자들이 자칫 길을 잃지 않도록 최대한 표현을 다듬고 문장과 문장 사이의 연결을 매끄럽게 하기 위해 나름 애를 썼다. 그럼에도 행여 잘못된 번역이나 연결이 매끄럽지 않은 문장이 있다면, 그건 전적으로 번역자인 나에게 책임이 있음을 일러둔다.

그럼 이제 본문에 관한 이야기로 넘어가, 이 책은 「농민 생활의 새로운 경제적 양상」(1893년)과 「이른바 시장 문제에 관하여」(1893년)라는 두 편의 글로 구성되어 있다. 이 글들은 지금까지 발견된 레닌의 저작물들 중에서 가장 최초로 집필된 것이다. 그래서 1970년대까지 러시아에서 출간된 총 54권의 『레닌 전집*Collected Works*』 가운데서도 1권 맨 앞부분에 자리하고 있다.

독자들 가운데는 두 글의 제목을 보자마자 일단 궁금증부터 일기 시작하는 분들도 적지 않을 것이다. 변호사로서 이제

막 법률 관련 실무를 익히기 시작한 스물세 살의 청년이 관심을 기울인 대상이 왜 하필 '농민 생활'이었을까? 그리고 '이른비 시장 문제'린 과연 무엇을 밀하는 길까? 이런 질문들은 이 책에서 레닌이 펼치게 될 주장의 핵심을 이해하는 데 있어서 아주 중요하다. 따라서 이 대목에서 우리는 그 시절 러시아의 정치·경제적 상황, 그리고 진보운동의 사상적 경향을 잠시 배경 삼아 짚고 넘어갈 필요가 있겠다.

19세기 중후반의 러시아는 6,700만 명 인구 중 3분의 2가 넘는 약 5천만 명 가량이 농민과 그 가족들로, 농업이 전체 산업에서 절대적인 비중을 차지하고 있었다. 또한 잉글랜드의 예에서 보듯이 자본주의 산업이 발전할수록 공장들이 도시 지역에 밀집되거나 시골 지역이 급격히 도시화되는 현상을 경험한 서구 유럽과는 달리, 러시아에서는 이제 막 생겨나기 시작한 신규 공업 시설들도 상당수가 여전히 농촌 지역에 위치해 있었다. 일단 토지 가격이 저렴했고, 공장 설립을 위한 행정절차도 허술했으며, 무엇보다 숙련된 노동력을 농촌에서 공급받는 편이 훨씬 더 수월했기 때문이다. 가족들을 부양하기에 충분한 토지를 갖고 있지 못한 농민들은 현금 수입을 얻기 위해 인근의 가내수공업 공장 같은 곳에서 수시로 일자리를 구했고, 그러다 농번기가 되면 잠시 농사일로 되돌아왔다가 다시 공장으로 돌아가기를 되풀이했다. 그런데 이런 현상은 신흥 자본가라 할 수 있는 공장 소유주들에게는 큰 골칫거리가 아닐 수 없었다. 일 년에도 몇 번씩 농업과 공업 사이를 오가는 노동력은 당연히 고정된 인력보다 생산성이 떨어질 수밖에 없었던 것이다. 그래서 그들은 계약기간 중 노동자의 이탈 금지와 함께 농노들을 땅으로부터 '자유롭게' 만들어달라는 압력을 정부에 가하기 시작했다. 이것이 바로 흔히 농노해방령이라 불리는, 차르 정부가 러시아에서 농노제를 폐지한 1861년의 농민 개혁의 경제적 배경 중 하나였다.

그러나 4천만 명에 달하는 전체 농노들 중 53퍼센트를 차지하던 사유지 농노들은 1861년, 황실 소유지 농노와 국유지 농노들은 각각 1863년과 1866년에 차례로 농노의 신분을 벗을 수 있게 해준 이른바 농민 개혁은 실제 내용상으로는 '해방'과 전혀 거리가 멀었다. 그 전까지 러시아의 농노들은 지주나 정부에게 현물 지대 또는 강제 부역의 형태로 혹독한 대가를 지불하기는 했지만, 평소 자신이 경작하는 땅을 사실상 자신의 소유처럼 여기며 농사를 지어왔었다. 평소 지주들은 농노들이 자기네가 부과한 의무를 이행하기만 하면 풍년이 들건 흉년이 들건 거의 신경도 쓰지 않고 소비와 향락을 즐기기에만 급급했기 때문이다. 그런데 차르 정부는 농민 개혁 법령을 시행하면서 이른바 '절취지'라고 해서 약 25퍼센트에 달하는 땅을 지주들 몫으로 남겨주었다. 문제는 지주에게 남겨진 절취지가 대부분 목초지나 숲, 하천과 맞닿아 있는 말 그대로 알짜배기 땅이었던 반면, 농노들에게 분배한 땅은 돌밭이나 물을 댈 수

조차 없는 척박하기 이를 데 없는 불모지가 상당수였다는 점
이다.

게다가 그 땅을 농민 개개인에게 바로 나눠준 것도 아니었
다. '해방된' 농민들이 분여지 가격의 20퍼센트를 지주들에게
상환금으로 지불하면, 그 땅을 '미르'라 불리는 마을 공동체가
일단 분배받아 다시 농민 개개인에게 재분배하고, 상환금의 나
머지 80퍼센트는 정부가 지주들에게 우선적으로 지불한 후 6
퍼센트의 이자를 붙여 농민들로 하여금 49년간에 걸쳐 갚게
하는 방식이었던 것이다. 농민들은 공동체를 통해 분배받은 땅
에 대해 일종의 연대책임을 지고 있었기 때문에 설혹 농사를
포기한다 하더라도 자기 몫의 상환금과 이자는 반드시 갚아야
했다. 그 결과 "해가 갈수록 연체금은 늘어났다. 과거 지주들
에 매여 있었던 농민들이 차르 정부에게 상환금으로 지불한 돈
만 해도 모두 합쳐 19억 루블에 달한 반면, 농민들 소유로 넘어
간 토지의 시장 가격은 5억 4,400만 루블도 되지 않았다. 농민
들은 실제로는 자신들 소유인 토지에 수억 루블을 지불해야만
했고, 이는 그들의 농장을 몰락시켜 농민 대중을 빈곤에 빠뜨리
는 결과를 낳았다."(본서 원서 편집자의 주석)

따라서 그 시절 러시아에서 혁명적 변화를 원하는 집단이
나 개인은 농민들이 처한 현실에 관심을 기울이지 않을 수 없
었다. 인구의 절대 다수를 차지하는 '농민 생활'에 대한 고민은
곧 농업 전반에 관한 고민이었고, 농업 전반에 관한 토론은 곧

러시아 전체의 정치, 경제, 사회에 관한 논의로 직결되었기 때문이다. 그리고 그런 고민을 하는 이들 가운데 상당수는 나로디즘 또는 인민주의로 해석되는 혁명적 포퓰리즘 성향을 가진 이들이었다. 청소년기의 레닌에게 한때 커다란 영향을 끼쳤던 니콜라이 체르니솁스키와 니콜라이 F. 다니엘손, 바실리 보론초프로 대표되는 이들은 농업 생산에 있어 자본주의적인 형태가 임금노동자들을 고용한 대규모 농장들에 한정돼 있고 아직 생산수단과 분리되지 않은 소농들에 의한 경작이 농업(따라서 산업 생산 전체)의 큰 부분을 차지하고 있기 때문에 러시아는 정의상 자본주의 단계에 진입하지 않았고, 농민을 포함한 '인민의 빈곤화'로 인해 전국적인 국내 시장이 형성되기 힘든데다 서구 유럽이 이미 차지한 해외 시장에 접근할 수도 없는 '이른바 시장 문제'로 인해 러시아에서는 자본주의 발전이 사실상 불가능하다고 여겼다. 즉 러시아에서도 이미 그 모습을 드러내고 있는 것처럼 보이는 자본주의의 여러 징후들은 사실 차르 치하의 국가 기구에 의한 인위적 창조물에 불과하다는 것이었다. 그 대신 그들은 미르와 노동자들의 협동조합 공장인 아르텔을 사회주의 사회의 건설을 위한 출발점이라 여기고, 그 덕분에 서구 유럽과 달리 러시아는 자본주의 단계를 거치지 않고 바로 사회주의 건설로 직행하는 것이 가능하다고 믿었다. 그리고 그런 목표를 실행에 옮기기 위해서는 우선 자본주의를 인위적으로 이식하려는 차르 정부를 타도하는 것이 정치적으로 가장 급선무였다. 러시아 인민주의자들이 차르를 비롯해 그 아래 관료들과 경찰들을 물리적으로 제거하기 위한 테러 전술에 적극적으로 매달린 것도 바로 그런 시고의 흐름에서였다. 덧붙이자면, 1887년 3월 동료 학생들과 함께 러시아 황제 알렉산드르 3세를 암살하려다 비밀경찰에 발각돼 처형당한, 레닌과 두 살 터울의 친형 알렉산드르도 그들 가운데 한 명이었다.

반면 그런 인민주의자들과 견해를 달리하며 날카롭게 대립각을 세운 이들도 있었다. '러시아 마르크스주의의 아버지'라 불리던 플레하노프가 1883년에 창설한 '노동해방그룹'을 비롯한 러시아 마르크스주의자들이 대표적이었다. 이들은 인민주의자들이 꿈꾸는 미르를 통한 '농민 공산주의'는 낭만적인 환상에 불과하며, 러시아 자본주의가 차르 정부의 창조물이라는 주장도 러시아 경제를 올바로 분석하지 못한 탓이라고 비판했다. 기업형 농업을 하는 부농이건, 농사일과 날품팔이를 병행하는 가난한 소농이건, 대공장이건 소규모 가내수공업이건 간에 자본주의식 상품 생산은 이미 러시아의 농촌과 도시에서 급속도로 확산되고 있으며, 따라서 '자연경제'를 토대로 한 농민 공동체의 역할과 중요성은 갈수록 줄어들 수밖에 없고, 그러므로 혁명적 사회민주주의자들의 임무는 일찍이 마르크스가 지적했듯이 오히려 더 큰 억압을 초래하게 될 소수의 고립된 테러 행위가 아니라 노동계급을 정치 세력으로 묶어낼 프롤레타리아 정당을 건설하는 데 초점이 맞춰져야 한다는 것이 그들의 주장이었다.

그런데 이들 러시아 마르크스주의자들은 1880년대부터 당국의 탄압을 피해 대부분 스위스 등지로 망명해 있던 상황이었기에 러시아 국내에서의 영향력은 극히 제한적일 수밖에 없었다. 그런 와중에 어느 날부턴가 사마라의 젊은 마르크스주의자들 사이에 등장해 존재감을 드러내기 시작한 인물이 있었으니, 그가 곧 청년 레닌이었다(레닌이란 이름은 이후 혁명운동 과정에서 비밀경찰과 검열관들의 감시를 피하기 위해 사용했던 백여 개의 필명과 가명 중 하나였다가 1901년부터 대중적으로 널리 굳어진 것으로, 당시는 울리야노프라는 본명 그대로 불렸다). 러시아 경제에 관한 그의 초기 저술 작업은 상트페테르부르크에서 발행되던 월간지 《루스코예 보가츠트보*Russkoye Bogatstvo*》에 주로 실리던 인민주의자들의 견해를 반박하는 것에 출발점을 두고 있었다. 이 책에 실린 「농민 생활의 새로운 경제적 양상」과 「이른바 시장 문제에 관하여」를 집필한 것도 그런 맥락에서였고 말이다. 이 두 글은 각각 레닌이 자본주의 단계를 거쳐야 할 필연성과 러시아 사회가 이미 자본주의 사회로 완전히 진입했음을 주장한 『러시아에서의 자본주의 발전』(1899년)과 세 명의 인민주의 이론가(미하일롭스키, 유자코프, 크리벤코)들의 철학적·경제적·정치적 관점에 신랄한 비판의 칼날을 들이댄 『인민의 벗들은 누구이며, 그들은 사회민주주의자들과 어떻게 싸우는가』(1894년)라는 두 핵심 저작들의 밑그림 역할을 한다는 의미에서 가치를 지니고 있다. 이제 막 혁명운동에 발을 들이기 시작한 청년 울리야노프가 각종 통계와 자료 들에 대한 철저한 분석을 토대로 자신과 대척점에 선 상대의 논리를 하나씩 박살내가는 과정에서 어떻게 스스로의 이론을 조금씩 가다듬어가면서 미래의 혁명가 레닌으로 변모해가는지, 그 궤적을 따라가보는 것만으로도 충분히 흥미로울 것이다.

2017년 겨울, 서교동에서

최재훈

찾아보기

이른바
시장 문제에 관하여

001 레닌
전집

Владимир
Ильич
Ленин

1판 1쇄 발행 2018년 3월 30일

지은이 블라디미르 일리치 레닌
옮긴이 최재훈
펴낸이 김찬

펴낸곳 도서출판 아고라
출판등록 제2005-8호(2005년 2월 22일)
주소 경기도 파주시 가온로 256 1101동 302호
전화 031-948-0510
팩스 031-948-4018

ISBN 978-89-92055-71-0 04300
ISBN 978-89-92055-59-8 04300세트

이 책은 박연미 디자이너, 대현지류,
HEP프로세서, 더나이스, 코리아금박, 경일제책
노동자들의 노동을 통해 만들어졌습니다.
또한 편집과 제작비 마련 과정에서
레닌 전집 후원회원들의 도움을 받았습니다.

* 책값은 뒤표지에 있습니다.
* 레닌 전집 후원회 가입 문의:
leninbookclub@gmail.com